U0574748

本书系上海市哲学社会科学规划"学习贯彻习近平总书记'人民城市人民建　人民城市为人民'重要理念"专项课题成果

"人民城市"重要理念研究丛书

上海市习近平新时代中国特色社会主义思想研究中心 编

新发展理念
引领人民城市建设研究

XINFAZHAN LINIAN
YINLING RENMIN CHENGSHI JIANSHE YANJIU

赵勇 等◎著

人民出版社

总　　序

2019 年 11 月，习近平总书记考察上海期间在杨浦滨江首次提出"人民城市人民建，人民城市为人民"的重要理念，深刻揭示城市属于人民、城市发展为了人民、城市建设和治理依靠人民的人民性，深刻阐明中国特色社会主义城市工作的价值取向、治理主体、目标导向、战略格局和方法路径，为推动新时代中国城市的建设发展治理、提高社会主义现代化国际大都市的治理能力指明方向。2020 年 11 月，习近平总书记在浦东开发开放 30 周年庆祝大会上的重要讲话中，从中华民族伟大复兴战略全局、世界百年未有之大变局的战略高度思考和谋划新征程上浦东新的历史方位和使命，进一步明确提出，要"提高城市治理现代化水平，开创人民城市建设新局面"，为探索新时代中国特色社会主义现代化超大规模人民城市建设发展之路提供了科学指引。

首先，人民城市属于人民。这是人民城市的政治属性。我国是社会主义国家，我国的城市归根结底是人民的城市。社会主义现代化国际大都市的建设和发展必须始终坚持以人民为中心的发展思想，把人民对美好生活的向往确立为城市建设与治理的方向和做好城市工作的出发点、落脚点和根本立场。

其次，城市发展为了人民。这是人民城市发展的根本宗旨。根据人民城市重要理念，无论是城市规划还是城市建设，无论是新城区建设还是老城区改造，都要坚持以人民为中心，聚焦人民群众的需求，合理安排生产、生活、生态空间，走内涵式、集约型、绿色化的高质量发展路子，努力创造宜业、宜居、宜乐、宜游的良好环境，让人民有更多获得感，为人民创造更加幸福的美好生活。城市治理是国家治理体系和治理能力现代化的重要内容。一流城市要有一流治理，要注重在科学化、精细化、智能化上下功夫。上海要继续探索，走出一条中国特色超大城市管理新路子，不断提高城市管理水平。

再次，城市建设和治理依靠人民。人民是城市的主人，也是城市建设和治理的主体。人民是城市的享有者、受益者，理应是城市建设者、治理参与者。上海作为我国人口规模最大的城市之一，其治理的复杂程度远超一般性城市和地区。只有坚持人民的主体地位，进一步发挥群众的首创精神，紧紧依靠和组织广大人民群众，才能协力创建新时代中国特色社会主义现代化超大规模人民城市的历史伟业，彰显我国社会主义制度的强大优势。

近年来，上海在深入贯彻人民城市重要理念过程中，聚焦探索超大城市治理的规律，把全生命周期管理理念贯穿城市治理全过程，着力在科学化、精细化、智能化上下功夫，努力走出超大城市治理现代化的新路。对人民城市重要理念及其上海实践开展深入研究，是推进习近平新时代中国特色社会主义思想上海实践研究的一项重要任务。2021 年 8 月，上海市社科规划办专门列出系列课题，上海市习近平新时代中国特色社会主义思想研究中心从完成结项的课题中精选优秀成果，内容涉及新时代人民城市重要理念、人民城市理论渊源与上海实践、党领导人民城市建设的实践历程与基本经验、新发展理念引领人民城市建设、人民城市理念与新时代生态文明建设、人民城市理念与城市环境治理、人民城市理念与数字化公共服务共享研究等。这些书稿聚焦不同主题，从不同维度深刻阐述了人民城市重要理念的思想内涵和实践要求，是当前上海学术界研究阐释人民城市重要理念的代表性成果。我们希望这套丛书的出版有助于广大读者更为全面、深入地理解和把握人民城市重要理念，更加自觉地用人民城市重要理念指导工作，为把上海建设成具有世界影响力的社会主义现代化国际大都市作出新的贡献。

上海市习近平新时代
中国特色社会主义思想研究中心
2022 年 9 月

目　　录

导　　论

理念是行动的先导。习近平总书记指出："我们党领导人民治国理政，很重要的一个方面就是要回答好实现什么样的发展、怎样实现发展这个重大问题。"[①] 党的十八届五中全会首次提出"创新、协调、绿色、开放、共享"新发展理念。新发展理念是习近平新时代中国特色社会主义思想的重要组成部分，贯彻新发展理念是新时代我国发展壮大的必由之路。2019 年 11 月，习近平总书记在考察上海杨浦滨江时首次提出"人民城市人民建，人民城市为人民"重要命题，深刻揭示了中国特色社会主义城市的人民性，赋予了上海建设新时代人民城市的新使命。

一、国内外研究现状述评

作为经济社会发展重要组成部分的"人民城市建设"，必须以新发展理念作为基本遵循和引领。对此，已有很多学者展开了相关研

---

① 习近平：《论把握新发展阶段、贯彻新发展理念、构建新发展格局》，中央文献出版社 2021 年版，第 475 页。

究，主要从"新发展理念推进城市建设"和"人民城市人民建，人民城市为人民"两个领域展开探索。

（一）关于"新发展理念推进城市建设"方面

学界针对在城市规划、城市治理、城镇化推进中贯彻和践行新发展理念开展了诸多有益探讨，具体如下：

1. 以新发展理念，引领城市规划发展新格局

学者们认为新发展理念为中国未来城市发展建设提供了新理念、新方向和新遵循。有学者提出，城市的建设、规划和发展要坚持以"创新、协调、绿色、开放、共享"五大理念引领，不断提升城市规划水准、提高城市治理能效、推进生态城市建设、促进开放包容发展、凝聚城市共建能力。有学者认为，未来中国城市的发展建设，要坚持在新发展理念的引领下，正确处理好稳定当前与谋划长远、极核引领与区域协同、产业升级与动能转换、稳定秩序与激发活力等方面关系，加快区域中心城市建设，开创城市建设新局面。还有学者立足全球城市发展大背景，提出中国城市发展正面临从形体主义到人文主义、从空中视角到地面视角、从企业城市到"人民城市"的三大趋势性转型，上海作为改革开放排头兵、创新发展先行者，坚持将新发展理念融入到城市发展建设全过程，将为我国超大城市建设和治理积极探索上海经验和中国样本。

2. 以新发展理念，打造特色城市名片

（1）以"智慧型城市"建设为目标的学者主张，新型智慧城市建设应坚持以创新、协调、绿色、开放、共享的新发展理念为指引，

以人为核心，注重城市的智慧发展和创新，协调各方面均衡发展，引导绿色发展，加强开放交流，提升人民群众获得感和幸福感。

（2）以"公园型城市"建设为目标的学者认为，公园城市建设要以创新发展激发城市发展新动能，以协调发展提升城市综合承载力，以绿色发展提升城市生态宜居度，以开放发展增强城市要素配置和管理功能，以共享发展增强城市宜业、宜居品质。

（3）以"产业型城市"建设为目标的学者提出，以城市特色资源和产业为依托，优化资源整合，构建特色产业体系，实现城市建设的高质量发展。

（4）以"国际化城市"建设为目标的学者认为，坚持以综合全面的视角贯彻新发展理念，推进"体制创新"和"科技创新"双轮驱动发展。切实推进各项改革举措系统协同并进，从更大区域空间谋划可持续发展，增强人民的获得感、幸福感、安全感。

3. 以新发展理念，推进新型城镇化建设

（1）以"破解问题"的视角，分析当前我国城镇化过程中存在的半城镇化、被城镇化、粗放城镇化、片面城镇化等问题的基础上，提出唯有坚持以创新为动力、以协调促平衡、以绿色为前提、以开放促发展、以共享促公平，才能更好保证城镇化可持续推进。

（2）从"民族地区"发展的视角，认为新发展理念为民族地区补足城镇化发展的短板明确了方向和路径。

（3）从"都市圈"建设的角度，提出都市圈已经成为新型城镇化发展的主体形态，现代化都市圈建设是全面实施新型城镇化发展战略的重要载体，是实现区域经济高质量发展的重要引擎，是促进城乡融合的重要平台。要以新发展理念引领现代化都市圈建设提速升级，促进区域经济发展。

（二）关于"人民城市人民建，人民城市为人民"方面

学界分别从科学内涵、理论来源、价值属性、实践路径等角度，对"人民城市人民建，人民城市为人民"进行了诸多有益探索。

1. "人民城市人民建，人民城市为人民"的科学内涵

（1）从"共同体"维度，分析指出人民城市是以"人民"为中心，具体而言，就是以人民的生活需求、生计需要和生机活力为中心。从生活、生计和生机三个维度，把握和认识人民城市的丰富内涵。人民城市是"安居"的生活共同体、是"乐业"的生计共同体、是"活力"的生机共同体。

（2）从"国家治理现代化"的角度，指出人民城市是以人民为中心的理念在城市维度的体现，是国家治理现代化在城市维度的实践，是中国之治在城市维度的表达。人民城市及其治理承载着国家治理现代化和城市治理的典型示范，联系着人民对美好生活的向往。

（3）从"人民"中心地位的角度，在人民城市建设中，要始终坚持"以人民为中心"的底色思维，要认识到人民群众在人民城市建设中的既是实践者、又是创造者、还是享有者的中心地位。

（4）从"底线思维"的角度，认为对于人民城市建设，要把握三个"最"的内涵。一是最大限度为人民群众创造美好生活；二是最基础工作是坚守住城市治理底线；三是最终目标是服务于人的全面发展。

（5）从"中国特色城市发展道路"的角度，认为人民城市作为

一个新的城市发展理念，是中国共产党的宗旨、初心和使命的"城市升级版"；人民城市作为一个新的城市理论命题，是我国新型城镇化建设实践经验的逻辑升华；人民城市作为一个新的城市理想形态设计，是坚持和完善中国特色社会主义制度的重要创新成果。

2."人民城市人民建，人民城市为人民"的理论渊源

有学者提出，人民城市的显著特征是彰显了我国城市建设与社会主义制度的本质联系。人民城市对城市的政治和意识形态属性的强调，符合城市科学的基本原理和"再政治化"的当代趋势。马克思对资本主义大机器生产的批判和列宁关于城市与人民关系的论述，是人民城市理论最直接最重要的马克思主义经典理论资源。新中国成立以来马克思主义城市思想的中国化，是新时代人民城市最直接和最主要的理论来源。

3."人民城市人民建，人民城市为人民"的价值属性

关于人民城市的特质和本质属性，学界的认识比较统一，普遍认为"人民至上""以人民为中心"是人民城市的根本属性和最亮底色。人民城市从价值属性上强调城市的人民性，强调城市是人民的城市，城市治理依靠人民，城市发展成果由人民共享。也有学者将人民城市的人民性进一步细分为三大特性：靠民性、属民性、为民性，凸显人民群众在城市建设实践中的实践者、创造者和所有者的角色。

4."人民城市人民建，人民城市为人民"的实施路径

针对这一问题，学界的探究比较丰富，分别涉及了理论研究、现代化治理、民众的主体参与、制度建设等方面。有学者从"综合"视角提出，人民城市建设问题首先要充分认识和把握城市建设的方向性问题，始终坚持以人民为中心发展理念；其次把以人民为中心贯穿

于城市建设全过程和各方面，增强人民群众的获得感、幸福感、安全感；最后以更好满足人民日益增长的美好生活需要为导向，积极探索社会主义现代化国际大都市建设新路径。也有学者认为，建设人民城市需要深入开展人民城市理论研究、创新开展人民城市制度设计与城市治理体系和能力现代化密切结合起来、更加注重发挥人民群众的积极参与。还有学者提出，人民城市建设在立足"以人民为中心"思想的指导下，发挥群众的主体性，要把握规律性、体现人文性、牢守生态性的建设导向，实现开放之城、生态之城、人文之城的建设目标。与此同时，学者们还从"人民参与"的视角提出，通过积极推进全过程人民民主实践，不断优化完善基层人大机制，问政于民、问需于民、问计于民，为人民参与国家治理和城市建设服务提供有效途径。此外，还有些学者从哲学、文化、公共服务等维度，对人民城市建设和新发展理念践行进行探讨。

综上所述，学界在关于"新发展理念推进城市建设"和"人民城市建设"两个方面开展了诸多有益的探索，为全面把握人民城市建设与贯彻新发展理念研究提供了思想资源。但也要看到，现有的研究成果以实践研究和策略建议居多，总体还处于政策执行和理论探索的初始阶段，对于人民城市建设和新发展理念贯彻中存在的现实问题以及深层次理论研究深度不足。事实上，人民城市建设与贯彻新发展理念研究，核心在于把握新发展理念何以能够引领以及如何引领人民城市建设的问题。在新征程上，面对一系列新变化、新矛盾和新挑战，上海如何能继续当好改革开放排头兵、创新发展先行者，展现出社会主义现代化国家的新气象，建设成为具有世界影响力的社会主义现代化国际大都市，都要求我们要进一步厘清新发展理念与人民城市

建设之间的逻辑脉络，动态把握和处理好新发展理念和人民城市建设
的辩证关系。

二、本书的主要内容和特点

人民城市建设与贯彻新发展理念研究，核心在于把握新发展理念
引领人民城市建设。新发展理念为什么能够以及应当如何引领人民城
市建设的问题成为本书研究的关键。这需要处理好新发展理念和人民
城市建设的辩证关系，厘清其与人民城市建设之间的逻辑脉络。

（一）本书的主要内容及方法的创新

1. 深入解读习近平总书记关于新发展理念和人民城市建设的
重要论述

（1）全面系统把握习近平总书记关于新发展理念的重要论述，
科学认识新发展理念的基本维度，把握新发展理念的主线脉络。"人
民城市人民建，人民城市为人民"重要理念，深刻回答了城市建设
发展依靠谁、为了谁的根本问题，深刻回答了建设什么样的城市、怎
样建设城市的重大命题。这为"人民城市建设与贯彻新发展理念研
究"提供根本遵循。

（2）深入把握贯彻新发展理念的实践要求。完整、准确、全面
贯彻新发展理念，习近平总书记指出："新发展理念是一个系统的理
论体系"，要"从根本宗旨把握新发展理念""从问题导向把握新发

展理念""从忧患意识把握新发展理念"。进入新发展阶段,必须更加注重共同富裕问题,提出"全体人民共同富裕取得更为明显的实质性进展"的目标。坚持通过深化改革为完整、准确、全面贯彻新发展理念提供体制机制保障。坚持系统观念,把握好新发展阶段、新发展理念、新发展格局逻辑关联,在统筹推进"五位一体"总体布局、协调推进"四个全面"战略布局中思考和谋划人民城市建设。

2. 把握新发展理念引领人民城市建设的逻辑关联

这主要是回答新发展理念为什么能够引领以及如何引领人民城市建设的问题。"人民城市人民建,人民城市为人民"的重大命题把"以人民为中心"的发展思想贯穿于城市发展始终,解决了城市治理由谁治理、为谁治理的根本问题。《中共上海市委关于深入贯彻落实"人民城市人民建,人民城市为人民"重要理念,谱写新时代人民城市新篇章的意见》提出,城市的核心是人,关键是 12 个字,即"衣食住行、生老病死、安居乐业"。"五个人人"成为人民城市的建设方向,人人都有人生出彩机会、人人都能有序参与治理、人人都能享有品质生活、人人都能切实感受温度、人人都能拥有归属认同。"五个人人"深刻揭示了城市治理理念、治理主体、治理过程、治理成果的人民性,彰显了城市治理的"人民性"底色和城市建设的内在规律。

3. 探讨新发展理念引领人民城市建设的实现路径

如何把握新发展理念实现对人民城市建设的引领,涉及引领的内容和方法论问题。这需要探索新发展理念引领社会主义现代化国际大都市的治理路径。把握城市治理的人文、科学、法治、生态的四个向度。用好红色文化、海派文化、江南文化的三大文化资源,牵住政务服务"一网通办"和城市运行"一网统管"两个"牛鼻子",统筹生产、生活、生态三大布局。

4. 在研究思路和方法上体现为"理论与实际、总体与个案"两个结合

（1）注重理论与实际的结合。在理论贯通实际中深化理论研究阐释，着力在"四个紧密联系"中拓展深化新发展理念和人民城市建设的重要论述研究。紧密联系党和国家事业发生的历史性变革，紧密联系中国特色社会主义进入新时代的新实际，紧密联系我国社会主要矛盾的重大变化，紧密联系"十四五"规划和2035年远景奋斗目标及各项任务，把新发展理念引领人民城市建设实践总结好，总结人民城市建设与贯彻新发展理念的具有原创性的概念和范畴、理念和主张，体现当代中国马克思主义的实践特色、民族特色、时代特色。

（2）总体研究和个案研究的结合。既从总体上研究新发展理念引领人民城市建设的逻辑关联，也从个案上研究新发展理念引领人民城市建设的实践范例。关注杨浦滨江"生活秀带"、浦东社会主义现代化建设引领区、五大新城建设、进博会等实践范例，体现以案说理。通过典型案例的示范引领，让干部群众感受到新发展理念的真理力量。让人民群众真真切切感受到"人民城市人民建，人民城市为人民"不是一个口号，而是看得见、摸得着、真实可感的事实，不断增强人民群众获得感、幸福感、安全感。总结人民城市建设与贯彻新发展理念的典型案例和材料，体现以案说理的实践逻辑。

（二）本书的突出特色和主要建树

人民城市建设与贯彻新发展理念研究，有两个主要问题需要进行

理论探讨：其一，新发展理念为什么能够引领人民城市建设？它的契合点在哪里？这是最基本的逻辑问题，决定新发展理念和人民城市建设的关系建立，并影响着引领作用的具体指向。其二，新发展理念如何引领人民城市建设？这是新发展理念引领人民城市建设的方法进路问题，是实现"引领"的具体路径。如何理解"引领"的问题成为关键，这需要解决"引领"的逻辑关联和方法进路。这两个问题关涉新发展理念与人民城市建设关系的核心，是人民城市建设与贯彻新发展理念研究的关键所在。

1. 新发展理念引领人民城市建设的三大逻辑关联

从目标定位来看，新发展理念引领上海建设具有世界影响力的社会主义现代化国际大都市。贯彻新发展理念明确了我国现代化建设的指导原则。从指导原则出发把握新发展理念，增强贯彻落实的全面性、系统性。从实践主题来看，走出适合上海实际的高质量发展之路。高质量发展是"十四五"乃至更长时期我国经济社会发展的主题。走高质量发展之路，就要坚持以新发展理念引领，坚持创新、协调、绿色、开放、共享发展。从价值指向来看，坚持以人民为中心的发展思想。为人民谋幸福、为民族谋复兴是新发展理念的"根"和"魂"。城市是人民的，城市建设要贯彻以人民为中心的发展思想，让人民群众生活更幸福。

2. 新发展理念引领人民城市建设的实现进路

从理论发展来看，不断赋予"人民城市人民建，人民城市为人民"新的理论内涵。"一种理论的产生，源泉只能是丰富生动的现实生活，动力只能是解决社会矛盾和问题的现实要求"。从美好生活和文明成长视角回答人民城市建设问题，总结人民城市建设与贯彻新发展理念的具有原创性的概念和范畴、理念和主张。从实践探索来看，不断探索社会主义现代化国际大都市的治理路径。"人民城市为人民，人民城市人民建"不是一句空洞口号，落实到解决人民日益增长的美好生活需要同不平衡不充分的发展这一社会主要矛盾上。把握党的建设与城市治理的结合，党的建设伟大工程成为引领人民城市建设发展的核心动能。

三、本书的理论和实践价值

新发展理念引领人民城市建设研究具有重要的学术价值和实践意义。对人民城市建设与贯彻新发展理念的关系进行研究具有重要理论和实践价值。

1. 从理论维度彰显习近平新时代中国特色社会主义思想的原创性、时代性的概念和命题

理论的生命力在于创新。习近平总书记关于新发展理念和人民城市的重要论述反映了提炼有学理性的新理论、概括有规律性的新实践的理论和实践过程。新发展理念和"人民城市为人民，人民城市人民建"重大命题和概念范畴的提出，不是从天上掉下来的，不是主观臆想出来的，而是理论创新和实践创新的理论探索成果。从标识性概念来看，"三生""四宜""五人人"的概念深入人心。合理安排生产、生活、生态空间，创造宜业、宜居、宜乐、宜游的良好环境，人人都有人生出彩机会、人人都能有序参与治理、人人都能享有品质生活、人人都能切实感受温度、人人都能拥有归属认同的人民城市建设方

向。这是对习近平新时代中国特色社会主义思想和基本方略从何而来的回答,展现出习近平新时代中国特色社会主义思想的强大生机和活力。

2. 从实践维度彰显新发展理念引领人民城市建设的实践范例

上海在党和国家工作全局中具有十分重要的地位,肩负全国改革开放排头兵、创新发展先行者的使命担当。"十四五"开启全面建设社会主义现代化国家的新征程。党的二十大提出"以中国式现代化全面推进中华民族伟大复兴"重大战略命题。站在新的历史起点,上海更有底气和能力建设社会主义现代化的"上海样本"。上海围绕建设"具有世界影响力的社会主义现代化国际大都市"的目标定位,拓展全球资源配置、科技创新策源、高端产业引领和开放枢纽门户"四大功能",推进国际经济、金融、贸易、航运和科技创新"五大中心"建设,不断谱写新时代"城市,让生活更美好"的新篇章。

第 一 章

人民城市建设的理论阐释与实践要求

习近平总书记在党的十八届五中全会上首次提出"创新、协调、绿色、开放、共享"的发展理念。这是党在发展理论方面的重大创新，是在深刻分析国内外发展大势和总结我国发展实践的基础上得出的重要理论成果。2019 年，习近平总书记在考察上海杨浦滨江时首次提出"人民城市"重要命题，阐述了"人民城市人民建，人民城市为人民"重要理念，深刻揭示了中国特色社会主义城市的人民性，赋予了上海建设新时代人民城市的新使命。党的二十大报告强调："坚持人民城市人民建、人民城市为人民，提高城市规划、建设、治理水平，加快转变超大特大城市发展方式，实施城市更新行动，加强城市基础设施建设，打造宜居、韧性、智慧城市。"① "人民城市人民建，人民城市为人民"深刻回答了城市建设发展"依靠谁、为了谁"这一城市建设发展中的根本问题，深刻回答了"建设什么样的城市、怎样建设城市"的重大命题，体现了人民群众是历史创造者这一唯物史观的核心观点，彰显了中国共产党人民至上的政治立场，表明了

---

① 习近平：《高举中国特色社会主义伟大旗帜　为全面建设社会主义现代化国家而团结奋斗——在中国共产党第二十次全国代表大会上的报告》，人民出版社 2022 年版，第32 页。

走中国特色城市发展道路的坚定追求。

一、习近平总书记关于人民城市建设重要论述的理论阐释

习近平总书记对上海建设具有世界影响力的社会主义现代化国际大都市先后作出一系列重要论述，明确了上海的城市属性、精神品格、战略定位和发展路径，是在新的历史条件下上海建设发展的根本遵循和行动指南。"人民城市人民建、人民城市为人民。城市是人集中生活的地方，城市建设必须把让人民宜居安居放在首位，把最好的资源留给人民。要坚持广大人民群众在城市建设和发展中的主体地位，探索具有中国特色、体现时代特征、彰显我国社会主义制度优势的超大城市发展之路。要提高城市治理水平，推动治理手段、治理模式、治理理念创新，加快建设智慧城市，率先构建经济治理、社会治理、城市治理统筹推进和有机衔接的治理体系。"[1] "推进城市治理，根本目的是提升人民群众获得感、幸福感、安全感。要着力解决人民群众最关心最直接最现实的利益问题，不断提高公共服务均衡化、优质化水平。要构建和谐优美生态环境，把城市建设成为人与人、人与自然和谐共生的美丽家园。"[2] 这一系列重要论述为我们以更高的政治站位、思想起点谋划推进人民城市建设，更好地体现时代性、把握规律性、富于创造性，指明了前进方向，提供了根本遵循。

---

① 习近平：《论中国共产党历史》，中央文献出版社 2021 年版，第 311—312 页。

② 习近平：《论中国共产党历史》，中央文献出版社 2021 年版，第 312 页。

（一）科学阐释上海的城市属性和精神品格

"十四五"时期，我国开启全面建设社会主义现代化国家的历史新征程，进入向第二个百年奋斗目标进军的历史新阶段，中华民族伟大复兴的历史进程也进入了一个全新的发展阶段。着眼百年未有之大变局，我们必须科学把握这个新的发展阶段，坚决贯彻新发展理念，以把上海建设成为具有世界影响力的社会主义现代化国际大都市，服务构建新发展格局，奋力创造新时代上海发展建设新的奇迹。

习近平总书记在多次到上海考察调研、出席重要活动的讲话中，对上海的城市属性和精神品格进行了深入论述，主要体现为对人民城市建设的历史使命、价值属性、功能担当和精神品格的精准把握和科学阐释。

彰显人民城市建设的历史使命。2019 年 11 月，习近平总书记在上海考察时提出，要"着力提升城市能级和核心竞争力，不断提高社会主义现代化国际大都市治理能力和治理水平"[1]。这是以习近平同志为核心的党中央立足新时代，面向新征程，对上海未来发展提出的使命要求。上海要以提升城市能级和城市核心竞争力为着力点，不断提高城市整体治理能力和治理水平，建设成为具有世界影响力的社会主义现代化国际大都市，为"中国之治"和世界城市发展提供生动例证和时代样本。2020 年 11 月 12 日，习近平总书记在浦东开发开放三十周年庆祝大会上的讲话中明确指出："新征程上，我们要把浦

---

[1] 《深入学习贯彻党的十九届四中全会精神 提高社会主义现代化国际大都市治理能力和水平》，《人民日报》2019 年 11 月 4 日。

东新的历史方位和使命，放在中华民族伟大复兴战略全局、世界百年未有之大变局这两个大局中加以谋划，放在构建以国内大循环为主体、国内国际双循环相互促进的新发展格局中予以考量和谋划，准确识变、科学应变、主动求变，在危机中育先机、于变局中开新局。"①2021年，党中央制定发布的《关于支持浦东新区高水平改革开放、打造社会主义现代化建设引领区的意见》，进一步赋予浦东新区改革开放新的重大任务，要求浦东要抓住机遇、乘势而上，"科学把握新发展阶段，坚决贯彻新发展理念，服务构建新发展格局，坚持稳中求进工作总基调，勇于挑最重的担子、啃最硬的骨头，努力成为更高水平改革开放的开路先锋、全面建设社会主义现代化国家的排头兵、彰显'四个自信'的实践范例，更好向世界展示中国理念、中国精神、中国道路"。②

彰显人民城市建设的价值属性。习近平总书记强调，"江山就是人民、人民就是江山，打江山、守江山，守的是人民的心"③。贯彻落实"人民城市人民建，人民城市为人民"的重要理念，就是要更好顺应人民对美好生活的新期待，始终代表最广大人民的根本利益，以"五个人人"为努力方向，将上海打造为"人人都有人生出彩机会、人人都能有序参与治理、人人都能享有品质生活、人人都能切实感受温度、人人都能拥有归属认同"④ 的社会主义现代化城市，实现人民城市的美好愿景。

---

① 习近平：《论中国共产党历史》，中央文献出版社2021年版，第308页。
② 习近平：《论中国共产党历史》，中央文献出版社2021年版，第308页。
③ 《习近平谈治国理政》第四卷，外文出版社2022年版，第63页。
④ 《高举人民城市旗帜　践行人民城市理念》，《解放日报》2020年6月24日。

彰显人民城市建设的强大功能。上海是一座功能强劲的城市，在新的历史发展阶段，承担着建设具有世界影响力的社会主义现代化国际大都市，为全国改革发展作出更大贡献的新使命。为此，全面强化上海"四大功能"建设，在强化全球资源配置的功能、强化科技创新策源的功能、强化高端产业引领的功能、强化开放门户枢纽的功能上下更大功夫。全面深化上海"五个中心"建设，即进一步推动和完善上海国际经济中心、金融中心、贸易中心和航运中心的建设，持续推动上海科技创新中心建设，不断提升上海城市能级和核心竞争力，努力成为国内大循环的中心节点和国内国际双循环的战略链接，更好融入和服务新发展格局。

彰显人民城市建设的精神品格。城市精神与城市品格是城市软实力建设的核心。上海是一座具有精神品格的城市。习近平总书记高度重视城市精神与城市品格建设，2007 年在上海工作期间提炼概括了"海纳百川、追求卓越、开明睿智、大气谦和"的上海城市精神；2018 年在首届中国国际进口博览会开幕式主旨演讲中又进一步将"开放、创新、包容"概括为上海最鲜明的品格，并且强调"这种品格是新时代中国发展进步的生动写照"[①]。习近平总书记对上海城市精神品格的概括凝练，对于理解上海的历史使命，理解上海在全国的重要地位，理解上海城市软实力建设的重要价值，具有重要指导意义。上海是一座具有红色基因、传承红色血脉的城市，是一座海纳百川、开放包容的城市，是一座具有鲜明社会主义性质、富有现代化气息的国际大都市，是一座奋进新时代、创造新奇迹的人民城市。立足

---

① 习近平：《论把握新发展阶段、贯彻新发展理念、构建新发展格局》，中央文献出版社 2021 年版，第 287 页。

新发展阶段，贯彻新发展理念，服务构建新发展格局，上海坚持以高水平改革开放推进高质量发展、创造高品质生活、实现高效能治理，推动经济社会持续健康发展，为上海加快建设具有世界影响力的社会主义现代化国际大都市作出新的贡献。

（二）科学阐释上海的战略定位

"加快建设具有世界影响力的社会主义现代化国际大都市"①，是习近平总书记对上海的明确战略定位。这一定位与全面建设社会主义现代化国家的目标高度契合，是上海发挥服务辐射和示范带动作用的关键所在，是上海代表国家参与国际合作与竞争的必然要求。习近平总书记在浦东开发开放 30 周年庆祝大会上对上海未来发展提出深情勉励，相信"上海一定能创造出令世界刮目相看的新奇迹，一定能展现出建设社会主义现代化国家的新气象！"② 无论是奋进新征程、建功新时代，还是创造新奇迹、展现新气象，对上海来说，最集中的目标就是要加快建设具有世界影响力的社会主义现代化国际大都市。

为加快推进具有世界影响力的社会主义现代化国际大都市建设，中共上海市第十二次代表大会又进一步提出将"世界影响力"的能级显著提升、"社会主义现代化"的特征充分彰显、"国际大都市"的风范更具魅力，作为上海未来五年发展目标愿景。

① 李强：《弘扬伟大建党精神 践行人民城市理念 加快建设具有世界影响力的社会主义现代化国际大都市——在中国共产党上海市第十二次代表大会上的报告》，《解放日报》2022 年 6 月 30 日。
② 习近平：《论中国共产党历史》，中央文献出版社 2021 年版，第 313 页。

其一，在提升"世界影响力"的能级方面，把推动高质量发展作为最集中的工作导向。推动高质量发展是贯彻新发展理念的直接体现，是构筑上海雄厚物质基础和综合实力的关键所在。持续推进经济总量的发展，加快形成世界级产业集群，加快突破高水平科技产业。全面增强城市核心竞争力，提升"五个中心"核心功能，持续增强"四个力"，即向科技创新要动力、向扩大内需要潜力、向改革开放要活力、向数字化转型要爆发力，加快全球要素资源高效流动、高效配置、高效增值，进一步凸显上海建设成国内大循环的中心节点和国内国际双循环的战略链接的重要地位。全面提升国际传播能力，增强城市软实力的国际影响，成为向世界展示中国理念、中国精神、中国道路的生动范例。力求在新理念的引领助推下，实现上海更深地融入全球经济体系、参与全球经济治理，"使更多的'上海指数''上海价格'成为世界市场的晴雨表、更多的'上海标准''上海方案'成为国际规则制定的参照系、更多的'上海创新''上海品牌'成为享誉全球的金名片"[1]。

其二，在彰显"社会主义现代化"的特征方面，将党的全面领导、现代化建设和城市的人民属性有机统一起来。办好中国的事情，关键在党。党的二十大突出强调"弘扬伟大建党精神"。上海是伟大建党精神的孕育地，是中国共产党人初心使命的始发地。立足新阶段，上海人民城市建设要大力弘扬伟大建党精神，持续加强党的全面领导，推动各方面制度和体制机制更加成熟、更加定型，以高水平改

---

[1]　李强：《弘扬伟大建党精神　践行人民城市理念　加快建设具有世界影响力的社会主义现代化国际大都市——在中国共产党上海市第十二次代表大会上的报告》，《解放日报》2022年6月30日。

革开放走出新路，使中国特色社会主义的生命力和制度优势更加凸显，人民城市理念深入践行。持续完善现代化经济体系，助力城市经济高质量发展，为人民城市现代化建设提供更加坚实的物质基础。持续深化全过程人民民主，不断拓展全面依法治市成效，提高城市治理现代化水平，让人民城市更加安全、更富韧性、更有活力。人民主体地位充分体现，共同富裕迈出坚实步伐，"五个人人"充分彰显，"城市，让生活更美好"谱写新篇。力求通过人民城市的创造性探索，进一步丰富中国式现代化生动的实践内涵，彰显人民城市的根本属性、价值追求和时代风采，实现城市经济发展质与量互动并进，城乡互补新局面，物质与精神、人与自然的和谐统一，努力成为全面建设社会主义现代化国家的排头兵，为世界理解"中国式现代化"做好上海注解。

其三，提升"国际大都市"的风范魅力方面，进一步提升城市形象。更加彰显城市的创新活力，以科技创新为引领，实施科教兴市战略，加快推进"四个率先"、提高自主创新能力，打造人才、产业创新高地，吸引更多全球人才，激发城市创新创业活力；更加凸显城市的开放优势，坚持海纳百川、兼容并蓄，持续推进制度创新，优化营商环境，发挥"四大功能"优势，加快全球资金、技术、数据充分合理汇集，激发各类市场主体活力；更加凸显城市的文化包容，城市精神品格浸润人心，上海作为集红色文化、海派文化、江南文化融合发展于一身的国际大都市，城市精神文化更具包容，实现历史传承与时代潮流融合共生，国际风范与东方神韵相得益彰；更加突显城市的人民属性，上海作为党的诞生地、初心始发地，"以人民为中心"的发展思想贯穿上海城市建设发展始终，人民城市理念是我们党初心使命、性质宗旨的集中体现，在未来的发展中，上海要自觉践行人民城市理念，将群众的急难愁盼、安危冷暖放在心上，为人民群众提供更加多元优质的城市公共服务，营造更加宜业、宜居、宜乐、宜游的城市环境，把最好的资源留给人民。力求让来自五湖四海的人们在这里创新创业、追逐梦想，人人才华得到展示、价值得以实现、灵感得以迸发，美好生活处处可见，充分彰显"国际大都市"的风范魅力。

经过接续努力，上海"五个中心"建设的目标实现重大发展，已基本建成国际经济、金融、贸易和航运中心，形成具有全球影响力的科技创新中心基本框架，并且致力于在服务新发展格局上聚力突破，打造长三角一体化发展格局，构建"中心辐射、两翼齐飞、新城发力、南北转型"空间新格局，完善以"五型经济"为重点的经济发展格局，形成城乡融合发展格局，努力成为国内大循环的中心节点、国内国际双循环的战略链接。上海市"十四五"规划《纲要》明确提出，要以建设嘉定、青浦、奉贤、松江、南汇五个新城作为未来上海建设的重点区域，突破土地资源的瓶颈，支撑城市能级的提升，打造未来发展的战略空间和重要的增长极，把五大新城打造成为上海未来发展具有活力的重要增长极和新的战略支点。[①] 同时，继续"坚持'一极三区一高地'战略定位，紧扣'一体化'和'高质量'两个关键，进一步发挥上海龙头带动作用"，"加快畅通区域经济循环，在率先形成新发展格局上探索有效路径、做好示范引领，在科技和产业创新上勇当开路先锋，在深化改革、扩大开放上加快攻坚突

---

① 《上海市国民经济和社会发展第十四个五年规划和二〇三五年远景目标纲要》，《解放日报》2021 年 1 月 30 日。

破，积极探索形成新发展格局的路径"①。

（三）科学阐释上海的发展路径

"十四五"时期是我国全面建设社会主义现代化国家的重要阶段，也是上海建设具有世界影响力的社会主义现代化国际大都市的重要时期。上海制定了《上海市国民经济和社会发展第十四个五年规划和二〇三五年远景目标纲要》（以下简称《纲要》），展望了 2035年远景目标，明确了 2025 年经济社会发展目标，提出到 2035 年"国际经济、金融、贸易、航运、科技创新中心和文化大都市功能全面升级，基本建成令人向往的创新之城、人文之城、生态之城，基本建成具有世界影响力的社会主义现代化国际大都市和充分体现中国特色、时代特征、上海特点的人民城市，成为具有全球影响力的长三角世界级城市群的核心引领城市，成为社会主义现代化国家建设的重要窗口和城市标杆"，"到 2025 年，贯彻落实国家重大战略任务取得显著成果，城市数字化转型取得重大进展，国际经济、金融、贸易、航运和科技创新中心核心功能迈上新台阶，人民城市建设迈出新步伐，谱写出新时代'城市，让生活更美好'的新篇章"②。围绕目标，《纲要》提出了未来五年经济社会发展的主要任务，突出了以下四个方面：第一，全力优化战略布局，服务构建新发展格局；第二，全力强化

---

① 《上海市国民经济和社会发展第十四个五年规划和二〇三五年远景目标纲要》，《解放日报》2021 年 1 月 30 日。

② 《上海市国民经济和社会发展第十四个五年规划和二〇三五年远景目标纲要》，《解放日报》2021 年 1 月 30 日。

"四大功能"，持续增强城市综合实力和能级；第三，全力深化改革开放，积极构筑未来发展新优势；第四，全力建设人民城市，努力满足人民日益增长的美好生活需要。

习近平总书记揭示了新时代中国城市发展的趋势，"无论是城市规划还是城市建设，无论是新城区建设还是老城区改造，都要坚持以人民为中心，聚焦人民群众的需求，合理安排生产、生活、生态空间，走内涵式、集约型、绿色化的高质量发展路子，努力创造宜业、宜居、宜乐、宜游的良好环境，让人民有更多获得感，为人民创造更加幸福的美好生活。"① 在城市的发展过程中，要不断增强人民的获得感、幸福感、安全感，让人民切实感受到"中国共产党为什么能""马克思主义为什么行"和"中国特色社会主义为什么好"。城市是人民的城市，城市的建设要依靠人民，为了人民。这一判断不仅彰显了中国特色城市现代化发展道路的本质属性，而且科学揭示了新时代中国城市现代化发展的大趋势。在推进人民城市建设的实践中，上海应该充分发挥五大发展理念的引领作用，当好全国改革开放排头兵、创新发展先行者，在更高起点更高层次更高目标上彰显新时代人民城市的新气象。

"人民城市人民建，人民城市为人民"重要理念，深刻揭示了中国特色社会主义城市的人民性，赋予了上海建设新时代人民城市的新使命，是以人民为中心的发展思想在城市建设和治理维度的具体体现。

党的十八大以来，以习近平同志为核心的党中央坚持走中国特色新型城镇化道路，深入推进以人为核心的城镇化建设，多次对我国城

---

① 《深入学习贯彻党的十九届四中全会精神　提高社会主义现代化国际大都市治理能力和水平》，《人民日报》2019 年 11 月 4 日。

市现代化建设发展问题作出重要讲话和批示指示，为建设社会主义现代化城市提供了基本遵循。2015 年 12 月，习近平总书记在中央城市工作会议上强调，"全面建成小康社会、加快实现现代化，必须抓好城市这个'火车头'，把握发展规律，推动以人为核心的新型城镇化，发挥这一扩大内需的最大潜力，有效化解各种'城市病'"。①《中共上海市委关于深入贯彻落实"人民城市人民建，人民城市为人民"重要理念，谱写新时代人民城市新篇章的意见》明确指出：要以高质量发展筑牢人民城市物质基础，"城市是经济发展的中心"，必须坚定不移贯彻新发展理念，不断提升人民生活质量、城市环境质量、城市竞争力，建设和谐宜居、富有活力、特色鲜明的现代化城市，为满足人民日益增长的美好生活需要提供更加坚实的物质保障。

二、习近平总书记关于新发展理念重要论述的理论阐释

党的十八大以来，中国特色社会主义进入新时代，面对经济社会发展新趋势、新机遇、新矛盾和新挑战，必须确立新的发展理念，用新的发展理念引领新的发展实践。党的十八届五中全会提出，"必须牢固树立并切实贯彻创新、协调、绿色、开放、共享的发展理念。这是关系我国发展全局的一场深刻变革"②。新发展理念的提出是符合

① 《中央城市工作会议在北京举行》，《人民日报》2015 年 12 月 23 日。
② 《中国共产党第十八届中央委员会第五次全体会议公报》，《求是》2015 年第 21 期。

我国国情、顺应时代潮流、厚植发展优势的重大战略抉择。"创新、协调、绿色、开放、共享"发展理念是一个相互贯通、相互促进的有机整体。新发展理念是以习近平同志为核心的党中央在洞察时代发展大势和研判我国具体国情的基础上对发展理论的一次重大升华,是习近平新时代中国特色社会主义思想的重要内容,也是我国在新发展阶段推进构建新发展格局的重要理论指导和基本遵循。

(一)准确把握新发展理念的科学内涵

创新是引领发展的第一动力。党的十八届五中全会提出:"坚持创新发展,必须把创新摆在国家发展全局的核心位置,不断推进理论创新、制度创新、科技创新、文化创新等各方面创新,让创新贯穿党和国家一切工作,让创新在全社会蔚然成风。"[①] 创新注重解决的是发展的动力问题。习近平总书记强调:"坚持创新发展,是我们分析近代以来世界发展历程特别是总结我国改革开放成功实践得出的结论,是我们应对发展环境变化、增强发展动力、把握发展主动权,更好引领新常态的根本之策。"[②] 创新作为一个复杂的社会系统工程,涉及经济社会各个领域。"坚持创新发展,既要坚持全面系统的观点,又要抓住关键,以重要领域和关键环节的突破带动全局。"[③]

① 《中国共产党第十八届中央委员会第五次全体会议公报》,《求是》2015年第21期。
② 习近平:《论把握新发展阶段、贯彻新发展理念、构建新发展格局》,中央文献出版社2021年版,第81页。
③ 习近平:《论把握新发展阶段、贯彻新发展理念、构建新发展格局》,中央文献出版社2021年版,第83页。

习近平总书记深刻指出："协调发展、绿色发展、开放发展、共享发展都有利于增强发展动力，但核心在创新。抓住了创新，就抓住了牵动经济社会发展全局的'牛鼻子'"，"当今世界，经济社会发展越来越依赖于理论、制度、科技、文化等领域的创新，国际竞争新优势也越来越体现在创新能力上。谁在创新上先行一步，谁就能拥有引领发展的主动权。"①

协调是持续健康发展的内在要求。"坚持协调发展，必须牢牢把握中国特色社会主义事业总体布局，正确处理发展中的重大关系，重点促进城乡区域协调发展，促进经济社会协调发展，促进新型工业化、信息化、城镇化、农业现代化同步发展，在增强国家硬实力的同时注重提升国家软实力，不断增强发展整体性。"② 协调注重解决发展不平衡问题。"协调既是发展手段又是发展目标，同时还是评价发展的标准和尺度。"③ 当前，中国经济社会发展不平衡、不协调、不可持续的问题较为突出，习近平总书记明确提出："我们要学会运用辩证法，善于'弹钢琴'，处理好局部和全局、当前和长远、重点和非重点的关系，在权衡利弊中趋利避害、作出最为有利的战略抉择。从当前我国发展中不平衡、不协调、不可持续的突出问题出发，我们要着力推动区域协调发展、城乡协调发展、物质文明和精神文明协调

① 习近平：《在省部级主要领导干部学习贯彻党的十八届五中全会精神专题研讨班上的讲话》，《人民日报》2016 年 5 月 10 日。

② 《中国共产党第十八届中央委员会第五次全体会议公报》，《求是》2015 年第 21 期。

③ 习近平：《论把握新发展阶段、贯彻新发展理念、构建新发展格局》，中央文献出版社 2021 年版，第 85 页。

发展，推动经济建设和国防建设融合发展。"①

　　绿色发展是永续发展的必要条件。坚持绿色发展，"必须坚持节约资源和保护环境的基本国策，坚持可持续发展，坚定走生产发展、生活富裕、生态良好的文明发展道路，加快建设资源节约型、环境友好型社会，形成人与自然和谐发展现代化建设新格局，推进美丽中国建设，为全球生态安全作出新贡献。"② 绿色发展注重解决人与自然和谐问题。绿色发展就是要解决好人与自然和谐共生的问题。党的十八大将生态文明纳入了"五位一体"总体布局后，党的十八届五中全会又把绿色发展列入新发展理念。绿水青山就是金山银山，以牺牲生态环境来谋求片面发展的方式是绝对不可取的。面对未来，习近平总书记指出："生态环境没有替代品，用之不觉，失之难存。""环境就是民生，青山就是美丽，蓝天也是幸福，绿水青山就是金山银山；保护环境就是保护生产力，改善环境就是发展生产力。在生态环境保护上，一定要树立大局观、长远观、整体观，不能因小失大、顾此失彼、寅吃卯粮、急功近利。我们要坚持节约资源和保护环境的基本国策，像保护眼睛一样保护生态环境，像对待生命一样对待生态环境，推动形成绿色发展方式和生活方式，协同推进人民富裕、国家强盛、中国美丽。"③

　　开放是国家繁荣发展的必由之路。"坚持开放发展，必须顺应我国经济深度融入世界经济的趋势，奉行互利共赢的开放战略，发展更

---

　　① 习近平：《在省部级主要领导干部学习贯彻党的十八届五中全会精神专题研讨班上的讲话》，《人民日报》2016 年 5 月 10 日。

　　② 《中国共产党第十八届中央委员会第五次全体会议公报》，《求是》2015 年第 21 期。

　　③ 《习近平谈治国理政》第二卷，外文出版社 2017 年版，第 209—210 页。

高层次的开放型经济，积极参与全球经济治理和公共产品供给，提高我国在全球经济治理中的制度性话语权，构建广泛的利益共同体。"① 开放注重解决发展内外联动问题。习近平总书记指出："我国对外开放水平总体上还不够高，用好国际国内两个市场、两种资源的能力还不够强，应对国际经贸摩擦、争取国际经济话语权的能力还比较弱，运用国际经贸规则的本领也不够强，需要加快弥补。"② 坚持开放发展，就是要"更好利用国内国际两个市场两种资源，使国内市场和国际市场更好联通，提高在全球配置资源能力，更好争取开放发展中的战略主动"③。当前世界正处于百年未有之大变革，国际力量对比也发生了前所未有的变化，中国在世界发展中的地位越来越重要，在经济全球化、社会信息化、文化多样化、世界多极化的冲击下，中国面临的机遇和挑战都是前所未有的。习近平总书记强调，"一个国家能不能富强，一个民族能不能振兴，最重要的就是看这个国家、这个民族能不能顺应时代潮流，掌握历史前进的主动权"，"实践告诉我们，要发展壮大，必须主动顺应经济全球化潮流，坚持对外开放，充分运用人类社会创造的先进科学技术成果和有益管理经验。"④

共享是中国特色社会主义的本质要求。"坚持共享发展，必须坚持发展为了人民，发展依靠人民，发展成果由人民共享，作出更有效

---

① 《中国共产党第十八届中央委员会第五次全体会议公报》，《求是》2015 年第 21 期。

② 习近平：《论把握新发展阶段、贯彻新发展理念、构建新发展格局》，中央文献出版社 2021 年版，第 41 页。

③ 习近平：《论把握新发展阶段、贯彻新发展理念、构建新发展格局》，中央文献出版社 2021 年版，第 12 页。

④ 习近平：《在省部级主要领导干部学习贯彻党的十八届五中全会精神专题研讨班上的讲话》，《人民日报》2016 年 5 月 10 日。

的制度安排，使全体人民在共建共享发展中有更多获得感，增强发展动力，增进人民团结，朝着共同富裕方向稳步前进。"① 共享发展注重解决社会公平正义问题。全民共享、全面共享、共建共享以及渐进共享是共享发展的基本内涵，这四个方面的内涵既互相融通又互相促进，需要从整体上进行理解、阐释和把握。我国正处于社会主义初级阶段，共享发展必将是一个从低级到高级、从不均衡到均衡的渐进过程。落实共享发展理念，"一是充分调动人民群众的积极性、主动性、创造性，举全民之力推进中国特色社会主义事业，不断把'蛋糕'做大。二是把不断做大的'蛋糕'分好，让社会主义制度的优越性得到更充分体现，让人民群众有更多获得感。"②

（二）深入理解新发展理念的整体性

习近平总书记指出："新发展理念五大方面既有各自内涵，更是一个整体。要树立全面的观念，克服单打一思想，不能只顾一点不及其余。"③ 新发展理念虽各有侧重，但不论在理论上还是实践中都是相辅相成、相互促进的有机整体。"创新发展注重的是解决发展动力问题，协调发展注重的是解决发展不平衡问题，绿色发展注重的是解决人与自然和谐共生问题，开放发展注重的是解决发展内外联动问

---

① 《中国共产党第十八届中央委员会第五次全体会议公报》，《求是》2015 年第 21 期。

② 习近平：《在省部级主要领导干部学习贯彻党的十八届五中全会精神专题研讨班上的讲话》，《人民日报》2016 年 5 月 10 日。

③ 习近平：《论把握新发展阶段、贯彻新发展理念、构建新发展格局》，中央文献出版社 2021 年版，第 334 页。

题，共享发展注重的是解决社会公平正义问题。"①

　　新发展理念是对马克思主义发展思想的丰富和发展，是中国共产党在发展理念方面的重大突破，是中国共产党对发展理论的一次重大升华。创新是经济社会发展的第一动力，无论是理论创新、制度创新、科技创新，还是文化创新，都是推动一个国家或民族不断发展、进步的不竭动力。协调是经济社会发展的平衡机制，只有实现经济建设、政治建设、文化建设、社会建设、生态文明建设的协调发展才能实现全国均衡发展的目标。绿色是经济社会发展的基本支撑，自然环境是人类生存和繁衍的物质基础，要想实现经济社会的永续发展，必须以绿色发展为条件，推动经济社会可持续性发展；开放是经济社会发展的重要支点，当今世界成为一个紧密联系的整体，中国的发展对世界的发展具有重要意义。正如邓小平所说："现在的世界是开放的世界。中国在西方国家产业革命以后变得落后了，一个重要原因就是闭关自守。"② 世界的发展离不开中国，中国的发展也离不开世界。坚持对外开放是我国学习吸收国际社会前沿科学技术和管理经验的重要前提，为我国实现高质量发展创造良好外部环境，提供更先进的科学技术支持和管理经验支持。共享是经济社会发展的目的和归宿，毛泽东提出"全心全意为人民服务"的根本宗旨，邓小平提出"实现共同富裕"的社会主义本质要求，江泽民指出"始终代表中国最广大人民的根本利益"，胡锦涛提出"以人为本"的科学发展观，习近平提出"人民对美好生活的向往就是我们的奋斗目标"。这就要求从根

---

　　① 习近平：《论把握新发展阶段、贯彻新发展理念、构建新发展格局》，中央文献出版社 2021 年版，第 477 页。

　　② 《邓小平文选》第 3 卷，人民出版社 1993 年版，第 64 页。

本宗旨上把握新发展理念，彰显以人民为中心的发展思想。总之，新发展理念是一个系统的理论体系，需要完整、准确、全面地理解和把握。

（三）充分认识新发展理念的战略定位

新发展理念是解决新时代社会主要矛盾的行动指南。党的十九大报告指出："经过长期努力，中国特色社会主义进入了新时代，这是我国发展新的历史方位。"[1] "中国特色社会主义进入新时代，我国社会主要矛盾已经转化为人民日益增长的美好生活需要和不平衡不充分的发展之间的矛盾。"[2] "必须认识到，我国社会主要矛盾的变化，没有改变我们对我国社会主义所处历史阶段的判断，我国仍处于并将长期处于社会主义初级阶段的基本国情没有变，我国是世界最大发展中国家的国际地位没有变。"[3] 社会主要矛盾的变化源于我国经济社会的重大发展变化。这就要求我们把握好"变"与"不变"的辩证法。改革开放以来，我国经济、国防、科技实力飞速提升，社会生产力显著提高，综合国力进入世界前列，但发展的不平衡不充分问题不断凸显，已逐渐成为满足人民日益增长的美好生活需要的主要制约因素。围绕主要矛盾和矛盾的主要方面，善于抓住重点，着力解决好发展不

---

① 习近平：《决胜全面建成小康社会　夺取新时代中国特色社会主义伟大胜利——在中国共产党第十九次全国代表大会上的报告》，人民出版社 2017 年版，第 10 页。

② 习近平：《决胜全面建成小康社会　夺取新时代中国特色社会主义伟大胜利——在中国共产党第十九次全国代表大会上的报告》，人民出版社 2017 年版，第 11 页。

③ 习近平：《决胜全面建成小康社会　夺取新时代中国特色社会主义伟大胜利——在中国共产党第十九次全国代表大会上的报告》，人民出版社 2017 年版，第 12 页。

平衡不充分问题，更好满足人民日益增长的美好生活需要。解决新时代社会主要矛盾，必须贯彻新发展理念，坚持问题导向，把解决主要矛盾和矛盾的主要方面作为打开局面的突破口，切实解决影响构建新发展格局、实现高质量发展的突出问题，切实解决影响人民群众生产生活的突出问题。贯彻新发展理念，必须更加注重促进全体人民共同富裕，抓好经济社会发展中的重点领域和关键环节的改革，不断提升工作能力以适应经济社会高质量发展的要求。

新发展理念是加快构建新发展格局的必然要求。从国际来看，百年未有之大变局加速演进，国际力量对比加速转变，国际政治经济环境日趋复杂，国际政治、经济、科技、经济、产业科技、安全等格局也都在发生深刻调整，世界进入动荡变革期。从国内来看，我国正处于发展方式转变、经济结构优化、增长动力转换的攻坚阶段，体制性、结构性、周期性问题叠加交织。面对国内外发展环境的深刻变化，"回答好实现什么样的发展、怎样实现发展这个重大问题"①，成为我们党领导人民治国理政的重中之重。新发展理念紧紧抓住了我国经济发展进入新常态下，国家发展面临的问题和挑战，具有鲜明的问题导向，创造性地回答了这一重大问题。针对发展动力不足问题、发展不平衡问题、人与自然和谐发展问题、发展内外联动问题、社会公平正义问题，唯有牢固树立创新、协调、绿色、开放、共享五大发展理念，才能更好破解发展难题，厚植发展优势，引领构建全方位多层面的新发展格局。

---

① 习近平：《论把握新发展阶段、贯彻新发展理念、构建新发展格局》，中央文献出版社 2021 年版，第 475 页。

三、深入把握贯彻新发展理念引领人民城市建设的实践要求

新发展理念是全面建设社会主义现代化国家的指导原则，人民城市是建成社会主义现代化强国的题中应有之义，新发展理念与人民城市建设内在具有逻辑关联。从问题导向来看，新发展理念力图解决的问题具有鲜明发展指向性：推动高质量发展，逐步实现共同富裕，不断彰显社会主义制度的优越性，把我国建成富强民主文明和谐美丽的社会主义现代化强国。从目标导向来看，人民城市建设的目标形态具有未来指向性：建设有中国特色的社会主义现代化城市，以城市建设彰显社会主义现代化国家城市的先进性，呈现社会主义现代化国家城市的新样态，创造人类文明城市新形态。以新发展理念引领上海人民城市建设，必将开辟出历史、现实和未来相互交织的人民城市建设新局面，使上海成为社会主义现代化建设的引领之城。

（一）新发展理念引领全面建设社会主义现代化建设国家的新阶段

新阶段意味着开启全面建设社会主义现代化国家新征程。新发展理念创造性回答了在新的发展阶段下我国应实现什么样的发展、怎样实现发展的重大问题，是我们党"为中国人民谋幸福、为中华民族谋复兴"初心使命在发展理念方面的重要体现。

1. 准确把握社会主义现代化建设的实践要求

新发展阶段、新发展理念、新发展格局的提出，是顺应和把握国内外经济社会发展的历史、现状与趋势的重要体现，也是党领导全国人民坚持探索发展规律的必然结果。"进入新发展阶段明确了我国发展的历史方位，贯彻新发展理念明确了我国现代化建设的指导原则，构建新发展格局明确了我国经济现代化的路径选择。"①

第一，立足新发展阶段，把握社会主义现代化建设的总目标。党的十八大以来，中国特色社会主义进入新时代，这意味着"中华民族迎来了从站起来、富起来到强起来的伟大飞跃，迎来了实现中华民族伟大复兴的光明前景"②。党的十九大站在新的更高的历史起点上提出，到本世纪中叶把我国建成富强民主文明和谐美丽的社会主义现代化强国。习近平总书记指出："中国共产党建立近百年来，团结带领中国人民所进行的一切奋斗，就是为了把我国建设成为现代化强国，实现中华民族伟大复兴。"③ 新发展阶段是我国实现新的更大发展的重要时期，以新发展理念为引领，是实现社会主义现代化建设总目标的实践要求。

第二，贯彻新发展理念，遵循社会主义现代建设的指导原则。习近平总书记指出："党的十八大以来我们对经济社会发展提出了许多重大理论和理念，其中新发展理念是最重要、最主要的。新发展理

---

① 习近平：《论把握新发展阶段、贯彻新发展理念、构建新发展格局》，中央文献出版社 2021 年版，第 487 页。

② 习近平：《决胜全面建成小康社会　夺取新时代中国特色社会主义伟大胜利——在中国共产党第十九次全国代表大会上的报告》，人民出版社 2017 年版，第 10 页。

③ 习近平：《论把握新发展阶段、贯彻新发展理念、构建新发展格局》，中央文献出版社 2021 年版，第 6 页。

念是一个系统的理论体系，回答了关于发展的目的、动力、方式、路径等一系列理论和实践问题，阐明了我们党关于发展的政治立场、价值导向、发展模式、发展道路等重大政治问题。"① 新发展理念是我国全面建设社会主义现代化国家的指导原则。指导原则在经济社会发展中发挥着引领方向、把准中心、规范实践的重要作用，是党领导人民进行社会主义现代化建设的行动指南，必须完整、准确、全面贯彻新发展理念。

第三，构建新发展格局，开创社会主义现代化建设的新局面。习近平总书记在庆祝中国共产党成立 100 周年大会上的讲话中强调，"立足新发展阶段，完整、准确、全面贯彻新发展理念，构建新发展格局。"② 以新发展理念为指导，我国将持续推进社会主义现代化道路、理论、制度、文化等各方面的探索，不断拓宽社会主义道路、丰富社会主义理论、发扬社会主义先进文化、促进社会主义现代化制度创新发展，构建社会主义现代化发展的新格局，推动社会主义现代化建设实现高质量发展，开创社会主义现代化建设的全新局面。人民城市建设是社会主义现代化建设的重要部分，以新发展理念引领人民城市建设，赋予人民城市理论新的内涵，有助于构建社会主义现代化城市发展的新格局，彰显中国特色城市道路的生命力，更好向世界展示中国理念、中国精神、中国道路。

2. 深入理解社会主义现代化强国的丰富内涵

党的十九大对实现第二个百年奋斗目标作出分两个阶段推进的战

---

① 习近平：《论把握新发展阶段、贯彻新发展理念、构建新发展格局》，中央文献出版社 2021 年版，第 479 页。

② 习近平：《在庆祝中国共产党成立 100 周年大会上的讲话》，《求是》2021 年第 14 期。

略安排：从 2020 年到 2035 年基本实现社会主义现代化，从 2035 年到本世纪中叶把我国建成社会主义现代化强国。"到那时，我国物质文明、政治文明、精神文明、社会文明、生态文明将全面提升，实现国家治理体系和治理能力现代化，成为综合国力和国际影响力领先的国家，全体人民共同富裕基本实现，我国人民将享有更加幸福安康的生活，中华民族将以更加昂扬的姿态屹立于世界民族之林。"[1]

第一，从国家发展定位来看，我国将建成有中国特色的社会主义现代化强国。习近平总书记指出："我们的任务是全面建设社会主义现代化国家，当然我们建设的现代化必须是具有中国特色、符合中国实际的"，"是人口规模巨大的现代化，是全体人民共同富裕的现代化，是物质文明和精神文明相协调的现代化，是人与自然和谐共生的现代化，是走和平发展道路的现代化。"[2] 上海在建设发展的实践中要深刻把握全面建设社会主义现代化国家的理论内涵和实践要求，维护好、发展好、实践好人口规模巨大的现代化、全体人民共同富裕的现代化、物质文明与精神文明相协调的现代化、人与自然和谐共生的现代化、走和平发展道路的现代化的发展目标要求，用人民城市建设的实践展现具有中国特色的社会主义现代化城市的生动图景。

第二，从国家发展能力来看，我国将建成可持续发展的社会主义现代化强国。社会主义现代化强国绝非一个空泛的概念，也不是一句空洞的口号，而是拓展了现代化国家建设的新境界和新要求。社会主

---

① 习近平：《决胜全面建成小康社会 夺取新时代中国特色社会主义伟大胜利——在中国共产党第十九次全国代表大会上的报告》，人民出版社 2017 年版，第 29 页。
② 习近平：《论把握新发展阶段、贯彻新发展理念、构建新发展格局》，中央文献出版社 2021 年版，第 473—474 页。

义现代化强国应该是"制造强国、科技强国、质量强国、航天强国、网络强国、交通强国、海洋强国、贸易强国、体育强国、文化强国、教育强国和人才强国的集合体；又是美丽中国、法治中国、平安中国、健康中国和数字中国的集合体；也是创新型国家、法治国家和学习大国、负责任大国、和平大国的集合体；还是智慧社会、和谐社会、法治社会、学习型社会的集合体。"① 这说明社会主义现代化强国具有十分丰富而具体的内涵。城市是国家的细胞，城市形象是国家形象的具体表现。以创新之城推进科技强国建设、以人文之城推进文化强国建设、以生态之城推进美丽中国建设、以开放之城推进贸易强国建设、以共享之城彰显负责任大国和平安中国形象，推动社会主义现代化强国建设迈上新台阶。上海结合自身经济社会发展情况，充分发挥科研人员创新活力，加强海洋人才培养、崇明生态岛建设、加强农村基层治理、推进财税体制改革、深化教育改革等，为建设社会主义现代化强国提供示范引领。

第三，从国家形象塑造来看，新发展理念将塑造社会主义现代化强国新形象。新发展理念引领全面建设社会主义现代化国家，意味着"创新、协调、绿色、开放、共享"的发展理念将从不同层面、不同维度融入社会主义现代化国家形象的塑造实践中，对社会主义现代化国家形象的塑造产生积极影响。创新发展将推动塑造勇于创新、善于创新的强国形象；协调发展将推动塑造富强民主、文明和谐的强国形象；绿色发展将推动塑造生态健康、永续发展的强国形象；开放发展将推动塑造热爱和平、敢于担当的强国形象；共享发展将推动塑造全

---

① 《习近平新时代中国特色社会主义思想基本问题》，人民出版社、中共中央党校出版社 2020 年版，第 160 页。

面发展、人民幸福的强国形象，全面展现具有中国特色的社会主义现代化国家新形象。对我国全体人民来说，社会主义现代化强国将是一个全面发展、人民幸福的强国，为全体人民的幸福生活持续提供有力保障；对世界各国人民来说，中国建成的社会主义现代化强国将是一个温和有力、热爱和平的强国，不断为实现世界各国繁荣发展贡献中国力量。

（二）人民城市彰显社会主义现代化国际大都市的新样态

从战略定位来看，建设具有世界影响力的社会主义现代化国际大都市是党中央对上海发展的战略定位，也是对上海发展前景作出的明确要求。建设社会主义现代化国际大都市能够为满足人民日益增长的美好生活需要提供实践范例，对于我国社会主义现代化事业的建设和发展具有重要示范引领意义。上海坚持以人民为中心的发展思想，坚持以新发展理念为引领，落实"人民城市人民建，人民城市为人民"重要理念，为探索中国特色社会主义城市发展道路提供"上海案例"。"具有世界影响力的社会主义现代化国际大都市"是集创新之城、人文之城、生态之城、开放之城、幸福之城于一体的社会主义现代化城市。

1. 创新发展驱动创新之城建设

创新具有推动经济社会发展和引领人类文明进步的重要作用，是经济社会发展的重要动力。创新之城是人民城市建设的重要内容之一，人民城市将是一座创新之城。人民是创新发展的主体，创新发展的动力在人民、创新发展的成果为人民、创新发展的受益者是人民，必须坚持创新发展理念，坚持人民主体地位、发挥人民主体力量。加快建设创新之城，需要不断加强城市整体创新能力，以理论创新、科技创新、制度创新和文化创新带动城市的建设和发展。

第一，理论创新指引人民城市建设。城市是一个复杂的大系统，城市建设是一项复杂的系统工程。城市的经济、政治、文化、社会以及生态文明建设不是孤立发展的，而是相互联系、相互交织的，要使城市的各项建设协调发展，必须从整体上进行城市规划。"理论创新对实践创新具有重大先导作用"①，要以理论创新为人民城市建设提供指引，保证城市各项建设相互促进、协调发展。坚定人民城市建设的社会主义方向，不断推进管理理论、治理理念和服务理念创新，以党的创新理论成果为指导稳步推进城市的各项建设相互促进。

第二，科技创新推动人民城市发展。以科技创新为人民城市发展注入动力，加快城市新旧动能转换，推进城市规划建设、城市产业发展、城市治理等方面技术和手段创新，不断增强城市主导产业竞争力和科技创新人才吸引力；着力解决科技创新难点、卡点，探索建构与人民城市高质量发展相适应的科技创新系统，充分发挥科技项目、创新平台和科技创新成果对人民城市建设的推动作用；持续探索科技成果有效转化的路径，运用科技成果推动城市的发展和人民生活品质的提升，为城市高质量发展提供有力支持。

第三，制度创新巩固人民城市成果。坚持和完善党的领导制度体系，以制度创新为人民城市建设提供制度保障，不断探索将我国制度优势转化为城市治理的效能的途径和方式，筑牢人民城市建设的制度

---

① 习近平：《论把握新发展阶段、贯彻新发展理念、构建新发展格局》，中央文献出版社 2021 年版，第 24 页。

之基。人民群众是制度创新的主体。尊重人民群众在制度建设方面的首创精神，把"以人民为中心"的发展思想融入制度建设的全过程，使人民群众参与到制度创新的过程中来，让制度创新的成果更好惠及全体人民。

第四，文化创新彰显人民城市魅力。坚定走中国特色社会主义文化发展道路，注重城市建设中的文化传承工作，推动上海城市历史文化创新性转化、创造性发展。围绕"举旗帜、聚民心、育新人、兴文化、展形象"的使命任务，以优秀传统文化、红色文化和社会主义先进文化塑造具有上海特色的城市文化风貌，持续打响"上海文化"品牌，以城市的文化创新为人民城市增添时代魅力，使人民城市更加开放包容、更富创新活力、更显人文关怀、更具世界影响力。

2. 协调发展推进人文之城建设

协调在经济社会中发挥着保持平衡稳定的重要作用，是经济社会健康发展的内在要求。协调既是发展手段又是发展目标，同时还是评价发展的标准和尺度，是发展两点论和重点论的统一，是发展平衡和不平衡的统一，是发展短板和潜力的统一。[①] 加快建设人文之城，必须坚持协调发展理念，推动城市历史文化现代化，与时俱进培育城市精神品格，不断增强民生福祉。

第一，坚持推动红色文化、江南文化、海派文化融合发展，彰显人民城市独特魅力。坚持"不忘本来、吸收外来、面向未来"，大力营造开放包容、融合发展的文化氛围，为上海城市文化发展增添新动力。在历史发展的过程中上海经历了多次文化大融合，江南文化和海

---

① 习近平：《论把握新发展阶段、贯彻新发展理念、构建新发展格局》，中央文献出版社 2021 年版，第 85—86 页。

派文化是上海城市文化的重要组成部分。上海是党的诞生地，也是中国共产党人初心使命的始发地，红色基因已深深融入上海的城市血脉之中。以城市文化发展多样化和城市文脉传承体系化为思路，着力推动红色文化、江南文化、海派文化融合发展，构建具有深厚文化底蕴和明显时代特征的城市文化发展格局和城市文脉传承体系，不断彰显上海独特的城市魅力。

第二，持续推进城市形象和城市精神品格的塑造，彰显人民城市内在特质。城市的精神品格是一座城市整体精、气、神的重要体现，是城市独具特质的精神品格和引领城市实现新发展的内在力量。人民群众是培育城市精神、推动城市精神品格发展的主体力量。以城市精神品格的群众化为主要路径，将"开明睿智、大气谦和、海纳百川、追求卓越"的城市精神和"开放、创新、包容"的城市品格融入市民日常生活之中，把人民群众变为软实力提升的重要载体，实现"人人都是软实力"，增强城市精神发展的动力。以城市形象塑造的具象化为重要思路，促进历史文化资源的活化，将城市文化元素嵌入人民城市的规划、设计、建设和发展之中，利用城市文化元素彰显人民城市特征，打造独具上海特色的标志性建筑，赋予城市精神品格新的内涵，彰显人民城市内在特质。

第三，统筹抓好底线民生、基本民生和质量民生，彰显人民城市民生温度。聚焦人民群众"衣食住行"守牢底线民生，聚焦人民群众"生老病死"保障基本民生，聚焦人民群众"安居乐业"推进质量民生，提高市民对人民城市建设的认同感和满意度。更好发挥人民群众主体作用，使人民真正成为人民城市建设的主体，以做实家门口服务体系建设为突破口，着力推进城市公共文化服务体系的建设，实现"社区就是文化场所，社区就有文化活动"，推动文化惠民工程实现更高质量发展，让城市的文化因素渗透到市民日常生活的方方面面，不断展现人文城市的民生温度。

3. 绿色发展推动生态之城建设

"绿色是永续发展的必要条件和人民对美好生活追求的重要体现。"① 绿色是衡量城市生态的重要指标，也是城市健康发展的重要体现，倡导人民形成绿色价值观对建设生态之城至关重要。加快建设生态之城，就是要坚定走"生产发展、生活富裕、生态良好的文明发展道路"②，实现生产方式绿色化转型、生活方式绿色化转变和生态环境绿色化发展，为人民城市建设增添活力。

第一，走绿色发展之路推进生产方式绿色化。习近平总书记指出："绿色循环低碳发展，是当今时代科技革命和产业变革的方向，是最有前途的发展领域，我国在这方面的潜力相当大，可以形成很多新的经济增长点。"③ 走绿色发展之路，推动产业生态化和生态产业化协同发展，以产业生态化、生态产业化为基本要求，大力发展绿色产业，将"绿色、循环、低碳"融入人民城市的产业布局和结构优化之中，逐步探索符合生态之城建设的生产方式，建立健全城市的生态经济体系，全面推动城市传统产业绿色改造和转型升级，为生态之城建设提供坚实支撑。

第二，走绿色发展之路推进生活方式绿色化。走绿色发展之路，

---

① 习近平：《论把握新发展阶段、贯彻新发展理念、构建新发展格局》，中央文献出版社 2021 年版，第 500 页。

② 习近平：《论把握新发展阶段、贯彻新发展理念、构建新发展格局》，中央文献出版社 2021 年版，第 10 页。

③ 《习近平谈治国理政》第二卷，外文出版社 2017 年版，第 198 页。

充分认识形成绿色发展方式和生活方式的重要性、紧迫性、艰巨性，把推动形成绿色发展方式和生活方式摆在更加突出的位置。坚持以满足人民对美好生活的向往为中心目标，着力推动绿色经济、循环经济和低碳经济的发展，为"城市让生活更美好"提供坚实物质基础；营造绿色生活的浓厚氛围，倡导市民自觉践行"绿色、低碳、循环"的生活理念，将绿色生活观念融入市民生活的各领域和各方面，使绿色生活成为人民美好生活的底色。

第三，走绿色发展之路推进生态环境绿色化。"保护环境就是保护生产力，改善环境就是发展生产力。"①城市生态的绿色化发展要以环境治理和生态保护为基本途径，在充分尊重城市发展规律、尊重自然生态规律基础上，持续推进城市生态文明建设，通过大力倡导"绿色健康生活"理念、加强城市绿色基础设施建设、构建城市自然保护地体系、增加城市绿化覆盖率，不断优化城市环境质量，拓宽人民生活的生态空间，形成人与自然和谐共生的社会主义现代化建设新格局，为美丽中国建设贡献城市力量。同时，用绿色推动生态之城的建设，不仅向全球展示了人民城市在城市环境治理、生态文明建设方面的中国主张、中国方案和中国智慧，更是为人类城市发展建设提供了"中国样本"。

4. 开放发展助力开放之城建设

开放是我国经济社会发展的重要动力，也是上海人民城市建设的最大优势。上海是我国改革开放的先行者、排头兵，上海在发展过程中所取得的巨大成就与对外开放紧密相连，上海的繁荣发展充分彰显

---

① 《习近平谈治国理政》第二卷，外文出版社 2017 年版，第 209 页。

了中国特色城市道路的开放性和包容性，彰显了我国全方位对外开放的鲜明态度和决心。坚持走开放发展之路，以充满活力的开放之城为构建现代化城市建设的共同价值基础提供实践范例。

第一，走开放发展之路构建人民城市发展新格局。我国改革开放四十多年的成功实践表明，坚持对外开才能促进国家发展，闭关自守只会导致封闭落后。坚持开放发展，总结我国城市建设发展的经验教训，深刻分析资本主义现代化城市建设的经验教训，积极吸收和借鉴世界各国在城市建设和管理方面的有益经验，以开放发展推动人民城市建设实现新的发展，构建起人民城市开放发展的新格局，逐步向开放之城迈进。

第二，走开放发展之路提升人民群众的生活品质。坚持开放发展，抓住全球价值链重构的重大机遇，利用好全球产业分工格局重塑的关键时期，主动对标当前国际的最高标准和最好水平，以创新型、服务型、总部型、开放型、流量型等"五型经济"为突破口，做强做优重点领域，持续推动城市内部消费升级和产业结构优化，使上海品牌和上海服务不断攀升全球价值链中高端，为人民群众提供更多更高质量的产品和更优质的公共服务，全面提升人民生活品质。

第三，走开放发展之路推动构建现代化城市的共同价值基础。坚持开放发展，大力弘扬"和平、发展、公平、正义、民主、自由"的全人类共同价值，彰显国际化大都市的共同价值基础。以开放之城的建设为社会主义现代化城市建设的共同价值基础提供有力支撑，为向国际社会讲述中国发展故事提供生动范例，展现人类文明新形态的城市样态，展示中国城市发展道路的世界历史意义。

5. 共享发展引领幸福之城建设

共享是我国经济社会发展的目标和归宿，也是人民城市建设的最终目的。习近平总书记指出："让广大人民群众共享改革发展成果，是社会主义的本质要求，是社会主义制度优越性的集中体现，是我们党坚持全心全意为人民服务根本宗旨的重要体现。"① 把人民城市打造成人人满意的幸福之城要坚持共享发展，以不断提高人民群众获得感、幸福感、安全感和满意度为主要目标，推动人民城市实现"全面共享、全民共享、共建共享、渐进共享"。

第一，从领导力量来看，党的领导是建设幸福之城的根本保证。中国共产党领导是中国特色社会主义最本质的特征，是中国特色社会主义制度的最大优势。"办好中国的事情，关键在党。"② 推进人民城市建设，关键在党。中国共产党是全心全意为人民服务的政党，实现好、维护好、发展好最广大人民的根本利益是我们党的本质要求，也是衡量我们党一切工作得失的根本准则。中国共产党自成立之日起便把"为人民谋幸福、为民族谋复兴"作为自己的初心和使命。要把人民城市建设成一座幸福之城，就必须坚持中国共产党的领导，使人民群众在参与人民城市建设的实践中不断加深对党的理解和认同，汇聚起实现民族伟大复兴的中国梦的磅礴伟力。

第二，从主体维度来看，人民群众是建设幸福之城的根本力量。"人民立场是中国共产党的根本政治立场，是马克思主义政党区别于

① 习近平：《论把握新发展阶段、贯彻新发展理念、构建新发展格局》，中央文献出版社 2021 年版，第 42 页。

② 习近平：《论把握新发展阶段、贯彻新发展理念、构建新发展格局》，中央文献出版社 2021 年版，第 297 页。

其他政党的显著标志。"① 人民是推动党和国家事业发展的最根本力量和最可靠支撑。贯彻新发展理念，要始终坚持以人民为中心，坚持发展为了人民、发展依靠人民、发展成果由人民共享。广大人民既是共享发展的主体，也是城市建设发展的根本力量，幸福之城应该是人民共建、共治、共享的社会主义现代化新城市。充分发挥人民主体力量，调动人民参与城市建设和治理的积极性，扩大人民参与城市建设和治理的范围和程度，为把人民城市建设成人人满意的幸福之城提供根本动力。

第三，从价值维度来看，幸福之城应满足市民对美好生活的向往。习近平总书记指出："人民对美好生活的向往，就是我们的奋斗目标。"② 幸福之城应该是一座能够让人民群众安居乐业、全面发展的社会主义现代化新城市。幸福之城的发展建设应将满足人民对美好生活的向往作为最高价值目标，着力从创新城市治理模式、完善社会保障体系、稳步提高居民收入等入手，遵循经济社会发展规律，坚持在发展中保障和改善民生，促进社会公平正义，不断增进民生福祉、提升人民生活品质、实现社会资源共享等方面提高人民幸福指数。

第四，从实践维度来看，幸福之城建设要把握渐进共享的原则。人民城市是历史、现实与未来的生动交织，人民城市建设是一个动态发展的过程。幸福之城是一座人民共享的社会主义现代化大都市。把人民城市建设为一座幸福之城，就要遵循社会历史发展的规律和城市建设发展的规律，深入把握共享发展理念的内涵，在人民城市建设实

---

① 《习近平谈治国理政》第二卷，外文出版社 2017 年版，第 40 页。
② 习近平：《论把握新发展阶段、贯彻新发展理念、构建新发展格局》，中央文献出版社 2021 年版，第 22 页。

践中不断扩大共享发展的范围、程度、领域，实现人民群众全面共享城市发展建设的成果，夯实人民城市建设的共享基础。

总之，以新发展理念为引领，将创新、协调、绿色、开放、共享发展理念贯穿于人民城市建设的全过程，全面将上海建设为集创新之城、人文之城、生态之城、开放之城和幸福之城于一体的社会主义现代化城市，充分体现具有中国特色、时代特征、上海特点的人民城市建设，不断赋予人民城市建设新内涵，推动构建人民城市建设新样态。

第 二 章

新发展理念引领人民城市建设的逻辑关联

人民城市建设与新发展理念具有内在逻辑关联。新发展理念是引领社会主义现代化国家建设的行动指南，"贯彻新发展理念是新时代我国发展壮大的必由之路"；① 人民城市建设则是社会主义现代化国家建设的重要内容，展示了中国共产党坚持独立自主探索具有中国特色的社会主义现代化城市道路的坚定决心。以新发展理念引领人民城市建设是新时代继续推进中国特色城市化道路和理论探索的必然要求。人民城市是新时代中国特色社会主义的独特命题，是基于中国特色社会主义的历史独创性而展开的，也是我国城市建设理论自觉和实践自觉的鲜明体现。唯有从理论上阐明新发展理念与人民城市建设的逻辑关联，才能在建设人民城市的实践中更加完整、准确、全面贯彻新发展理念，发挥其对人民城市建设的引领作用。

---

① 习近平：《高举中国特色社会主义伟大旗帜 为全面建设社会主义现代化国家而团结奋斗——在中国共产党第二十次全国代表大会上的报告》，人民出版社 2022 年版，第 70 页。

一、人民城市建设的历史与发展

中国共产党是高度重视理论指导并在实践中不断推进理论创新的马克思主义政党。"坚持理论创新"是中国共产党的宝贵历史经验。"中国共产党从成立之日起，就坚持把为中国人民谋幸福、为中华民族谋复兴作为初心使命。"[①] 在党的百年奋斗进程中，党始终坚持以理论创新为先导，在实践中不断推进马克思主义基本原理与中国具体实际相结合，探索符合我国国情的现代化发展道路。在城市工作方面，中国共产党坚持以马克思主义城市思想为指导推进城市工作，将群众路线贯穿于党领导城市工作的始终，中国共产党对城市工作的认识也随着马克思主义基本原理与中国具体实际的深入结合而不断获得新的发展。将人民城市建设置于思想史的语境中考察，对人民城市重要理念进行阐释与构建，在回顾党中央领导上海建设和发展的历史中明晰人民城市建设价值和作用，在历史与现实的贯通中彰显上海推进人民城市建设的时代价值。

（一）把握人民城市建设的历史发展

回顾城市建设发展历程，把握人民城市建设的历史维度。一方面，从党对城市工作认识的基本历程把握人民城市建设的历史维度。

---

① 习近平：《论把握新发展阶段、贯彻新发展理念、构建新发展格局》，中央文献出版社 2021 年版，第 508 页。

理论创新和观念变革在中国共产党领导人民探索城市发展道路的进程中具有重要作用，党领导人民在探索城市发展道路的实践中走出了一条具有中国特色的城市发展道路。另一方面，从党领导上海建设和发展的实践中把握人民城市建设的历史维度。研究党领导上海建设和发展的实践，对在全面建设社会主义现代化国家的历史新征程上推动上海人民城市建设具有重要启示和借鉴意义。

1. 中国特色城市发展道路的历史演进

从中国共产党对城市工作的领导和对城市发展道路的探索来看，不论是从开辟农村革命根据地到探索城市管理经验，还是从向苏联学习城市规划到独立自主探索适合我国实际的城市发展道路，都离不开思想观念的转变和发展理念的创新。长期以来，党领导人民坚持对城市发展道路进行探索，逐步走出了一条具有中国特色的城市发展道路。

新民主主义革命时期，我国革命的重心经历了由城市到农村，再到城市的发展过程，党对城市工作的认识也随着党的革命重心的转移而产生变化。建党之初和大革命时期，中国共产党人积极借鉴俄国以城市为中心的革命道路的成功经验，认为掌握中心城市是革命取得胜利的重要保障，党的工作重心一直放在夺取中心城市上。这一时期，中国共产党人活跃在北京、上海、广州、长沙、武汉等大城市，先后带领人民群众发动了南昌起义、秋收起义、广州起义等攻打大城市的武装起义，以期在城市建立苏维埃政权。土地革命战争和抗日战争时期，由于夺取中心城市的武装起义相继遭遇了失败，中国共产党提出以乡村为中心的战略思想，探索走"以农村包围城市、武装夺取政权"的革命道路。中国共产党不断探索城市工作，毛泽东同志对城市工作作出要求，"力求在城市中建设我们的组织"①，"要把城市工作和根据地工作提到同等重要的地位"②，"要在根据地内学习好如何管理大城市的工商业和交通机关"③ 等，这反映了中国共产党对城市工作的重视。解放战争时期，城市工作逐渐成为中国共产党的工作重心，发展生产建设成为城市工作的中心任务。1946 年，中共中央会议决定设立中央城市工作部。1949 年 5 月，中央宣传部下发了《中央宣传部关于城市建设宣传方针的指示》。毛泽东同志特别强调城市工作的重要性，指出："在全国胜利的局面下，党的工作重心必须由乡村移到城市，城市工作必须以生产建设为中心。城市中其他的工作，都是围绕着生产建设这一个中心工作并为这个中心工作服务的。"④

社会主义革命和建设时期，城市工作日益成为发展生产进而推动社会主义事业的主阵地。这一时期，恢复和发展生产成为我们党领导城市工作的中心任务。1951 年 2 月，中央政治局扩大会议提出"加强党委对城市工作的领导，实行七届二中全会决议"，在城市工作中要"向干部做教育，明确工人阶级的思想"，"在城市建设计划中要贯彻为生产服务、为工人服务的观点。"⑤ 1952 年 9 月，召开了新中国成立以来的第一次城市建设座谈会，正式提出要重视城市规划工作，指出城市建设是一项新的工作，关系到政治、经济、艺术各个方

① 《毛泽东选集》第 1 卷，人民出版社 1991 年版，第 76 页。

② 《毛泽东选集》第 3 卷，人民出版社 1991 年版，第 945 页。

③ 《毛泽东选集》第 3 卷，人民出版社 1991 年版，第 946 页。

④ 《毛泽东年谱（一八九三——一九四九）（修订本）》下卷，中央文献出版社 2013 年版，第 465 页。

⑤ 《建国以来重要文献选编》第 2 册，中央文献出版社 1992 年版，第 41 页。

面。此后，党中央先后下发了《关于当前城市工作若干问题的指示》和《〈第二次城市工作会议纪要〉的指示》等文件，进一步强调了做好城市工作对于我国社会主义建设事业的重要作用。中国共产党在城市工作方面显示出了果断的决策能力和强大的治理能力，彰显了中国共产党的领导智慧和使命担当。

改革开放和社会主义现代化建设新时期，城市工作逐渐成为我国现代化建设的重要推动力量，城市的建设和发展对实现社会主义现代化建设的意义不断彰显。1978 年 3 月，第三次全国城市工作会议通过了《关于加强城市建设工作的意见》，明确提出"城市是我国经济、政治、科学、技术、文化、教育的中心，在社会主义现代化建设中起着主导作用"①，对社会主义现代化建设新时期城市工作的开展具有重要意义。1978 年，国务院召开城市工作会议，批判了城市建设中的错误思想，及时纠正了城市建设的混乱状态，明确了城市建设的基本方针、重点城市和工作要求。

改革开放开启了我国城市化建设的新篇章，"提高对城市和城市建设重要性的认识"是党在这一时期推进城市工作的基本要求。1980 年 10 月，国家建委在北京召开了全国城市规划工作会议，研究了城市规划工作的方针、政策和措施，提出"控制大城市规模，合理发展中等城市，积极发展小城市"②的方针。1980 年 12 月，国务院批转《全国城市规划工作纪要》。1984 年国务院发布《城市规划条例》提出，要"把我国的城市建设成为现代化的、高度文明的社会

---

① 《关于加强城市建设工作的意见》（1978 年第 13 号文件），转引自王黎锋：《中国共产党历史上召开的历次城市工作会议》，《党史博采》2016 年第 7 期。
② 《全国城市规划条例》，《中华人民共和国国务院公报》1980 年第 20 号。

主义城市，不断改善城市的生产条件和生活条件，促进城乡经济和社会发展"①。1989 年《中华人民共和国城市规划法》正式施行，为城市建设和发展提供了法律保障，促进了城市建设快速发展。1992 年，党的十四大提出"要坚持从实际出发，注意量力而行，搞好综合平衡，不要一讲加快发展，就一哄而起，走到过去那种忽视效益，片面追求产值，争相攀比，盲目上新项目、一味扩大基建规模的老路上去"。② 1997 年，党的十五大提出，要"加快老工业基地的改造，发挥中心城市的作用，进一步引导形成跨地区的经济区域和重点产业带"，③ 更加凸显城市在促进地区经济合理布局和协调发展中的重要地位和作用。党的十六大明确提出"要逐步提高城镇化水平，坚持大中小城市和小城镇协调发展，走中国特色的城镇化道路"④。在吸收借鉴国外发展理论有益成分的基础上，中国共产党提出了"以人为本"的科学发展观，实现了发展理念的创新。以科学发展观为指导，我国城市建设理念实现了"以物为本"到"以人为本"、"城乡对立分割"到"城乡统筹兼顾"、追求"量"的增长到追求"质"的提升的根本转变，城市建设方式也由粗放型向集约型、由注重外延建设向注重内涵建设转化，城市建设进入了新的发展阶段。党的十七大提出，"走中国特色城镇化道路，按照统筹城乡、布局合理、节约土地、功能完善、以大带小的原则，促进大中小城市和小城镇协调发展"⑤，进一步丰富了中国特色城镇化道路的内涵，标志着我国独立

---

① 《城市规划条例》，《中华人民共和国国务院公报》1984 年第 1 号。
② 《十四大以来重要文献选编》上册，中央文献出版社 2011 年版，第 15 页。
③ 《十五大以来重要文献选编》上册，中央文献出版社 2011 年版，第 23 页。
④ 《十六大以来重要文献选编》上册，中央文献出版社 2011 年版，第 18 页。
⑤ 《十七大以来重要文献选编》上册，中央文献出版社 2009 年版，第 19 页。

探索城市发展道路取得明显成效。

党的十八大以来，中国特色社会主义进入新时代。在"实现中华民族伟大复兴"的历史语境下，党中央高度重视城市建设工作，城市工作被提升到国家发展层面进行战略部署，城市发展开始进入新阶段。党的十八大提出，要"坚持聚精会神搞建设、一心一意谋发展，着力把握发展规律、创新发展理念、破解发展难题"①。2013年12月中央城镇化工作会议进一步明确了推进新型城镇化的指导思想、主要目标、基本原则、重点任务。习近平总书记在会议上指出："改革开放以来，我国城镇化建设的进程明显加快，取得显著进展。"②2014年3月，中共中央、国务院印发实施《国家新型城镇化规划（2014—2020年）》。2014年底，中央审议通过《关于农村土地征收、集体经营性建设用地入市、宅基地制度改革试点工作的意见》。2015年，中央城市工作会议进一步提出建设"和谐宜居、富有活力、各具特色的现代化城市"③，习近平总书记在此次会议上强调，"做好城市工作，要顺应城市工作新形势、改革发展新要求、人民群众新期待，坚持以人民为中心的发展思想，坚持人民城市为人民"④。这说明，人民城市建设是我国新型城镇化建设实践经验的逻辑发展和升华。

我国在城市发展实践中提出了城市发展相关的评价指标体系（见表1）。此外，国家市场监管总局、国家标准委于2020年11月发

---

① 《十八大以来重要文献选编》上册，中央文献出版社2014年版，第7页。
② 《十八大以来重要文献选编》上册，中央文献出版社2014年版，第589页。
③ 《中央城市工作会议在北京举行》，《人民日报》2015年12月23日。
④ 《十八大以来重要文献选编》下册，中央文献出版社2018年版，第78页。

布了《新型城镇化 品质城市评价指标体系》（GB/T 39497—2020）。
自然资源部于2021年6月9日，发布了《社区生活圈规划技术指南》
（TD/T 1062—2021）；2021年6月18日发布了《国土空间规划城市
体检评估规程》（TD/T 1063 — 2021）和《城区范围确定规程》
（TD/T 1064—2021）两项行业标准；2021年6月24日，又发布了
《国土空间规划城市设计指南》（TD/T 1065—2021）。

表1 城市发展相关评价指标体系

序号	文件名称	文件编号	发布时间
1	《城市生活垃圾分类及其评价标准》（行业标准）	CJJ/T 102—2004	2004.08.18
2	《地铁运营安全评价标准》（国家标准）	GB/T 50438—2007	2007.10.15
3	《城市道路清扫保洁质量与评价标准》（行业标准）	CJJ/T 126—2008	2008.11.13
4	《城镇供热系统评价标准》（国家标准）	GB/T 50627—2010	2010.10.13
5	《居住区数字系统评价标准》（行业产品标准）	CJ/T 376—2011	2012.08.09
6	《绿色建筑评价标准》（国家标准）	GB/T 50378—2014	2014
7	《城市节水评价标准》（国家标准）	GB/T 51083—2015	2015.04.08
8	《国家重点公园评价标准》（行业标准）	CJJ/T 234—2015	2015.06.30
9	《既有建筑绿色改造评价标准》（国家标准）	GB/T 51141—2015	2015.12.03
10	《绿色生态城区评价标准》（国家标准）	GB/T 51255—2017	2017.07.31
11	《海绵城市建设评价标准》（国家标准）	GB/T 51345—2018	2018.12.26
12	《绿色建筑评价标准》（国家标准）	GB/T 50378—2019	2019.03.13

资料来源：住房和城乡建设部。

国内现有评价标准的设置基本采用定性和定量相结合的方法，指
标中既有定性标准，也有定量标准。以《国土空间规划城市体检评
估规程》（TD/T 1063—2021）（以下简称《规程》）和《新型城镇化

品质城市评价指标体系》（GB/T 39497—2020）为例，《规程》坚持统筹发展和安全，以贯彻落实新发展理念和国家总体安全观为出发点，以"创新、协调、绿色、开放、共享、发展"等6个维度为一级指标，细化出23个二级类别和122项三级类别指标，分门别类予以考核。比如，"安全"维度下设粮食安全、生态安全、文化安全、水安全、城市韧性、规划管控等二级类别，基本覆盖了前城市发展各方面的重要问题，对构建人民城市建设的评价指标具有重要参考价值；①《新型城镇化　品质城市评价指标体系》（GB/T 39497—2020）借鉴了国际标准《城市服务和生活品质指标》（ISO37120）及《中国城市质量奖重要指标》相关内容，将经济发展品质、社会文化品质、生态环境品质、公共服务品质、居民生活品质等"五大品质"确立为一级指标，并在实践中结合国家政策、经济社会发展、最新研究成果等作动态调整完善。中国标准化专家委员会副主任张纲指出，该标准创立了品质城市的内涵与定义，创建了城市全面发展的指标体系，进行了基于实证研究的探索创新，是对城市发展的定向、对质量强国的支撑、对标准化战略的拓展。②

　　国际标准方面，《城市服务和生活品质的指标》（ISO37120）是世界标准化组织建立起第一个城市国际标准，对我国城市健康、可持续发展具有重要指导和借鉴意义，对我国城市评价指标体系的建立也具有十分重要参考价值。以此标准为参考，中国标准化研究院制定《城市可持续发展　城市服务和生活品质的指标》（GB/T 36749—

---

① 中华人民共和国自然资源部：《国土空间规划城市体检评估规程》，2021年6月18日。

② 《我国发布首个品质城市领域国家标准》，《中国质量报》2020年11月26日。

2018)，从城市服务和生活品质两大角度出发，围绕经济、教育、能源、环境、财政、火灾与应急响应、治理、健康、休闲、安全、庇护所、固体垃圾、通讯与创新、交通、城市规划、废水、水与卫生等17个方面提出了100项指标（其中包括46项核心指标和54项辅助指标），以衡量和评价城市可持续发展状态，对改善城市治理、提高城市可持续发展水平具有指导作用。①

　　构建城市评价指标推动城市建设取得更大的发展。我国学者刘士林提出，光有好的城市指标体系还不够，关键要发挥城市指标的积极作用，政府管理部门要客观对待并积极"用好"评估结果，推动城市发展。以城市群评价为例，刘士林指出："现在的主流是以经济、交通和人口为核心，忽视了更为重要的文化、生态和生活质量等要素。这种过于'硬件化'的'指挥棒'，在现实中导致了我国城市群普遍走上'经济型城市群'发展道路，尽管在短期内经济总量、交通基建和人口规模增长很快，但却导致了'物质'与'人文'的严重失衡及日益严重的'城市病'。"② 这也充分表明城市指标体系构建是一项积极复杂的工作，不仅要客观反映城市发展水平，同时要求政府部门必须提高对城市指标体系的把握程度和运用能力，使城市评价指标体系成为各地区发展的重要指导并推动城市不断实现新发展。城市建设评价指标是评价城市发展水平的基础，旨在为城市发展提供导向，更好地契合人类现代化发展和人民群众对美好生活的向往。

　　党的十九大明确将坚持新发展理念作为国家发展的基本方略，强

---

　　①　中国国家标准化管理委员会：《城市可持续发展　城市服务和生活品质的指标》，2018年9月17日。

　　②　刘士林：《城市指标体系，真正管用才行》，《解放日报》2015年12月30日。

调中国的现代化发展"必须坚定不移贯彻创新、协调、绿色、开放、共享的发展理念"。[①] 以新发展理念为引领，构建科学合理的城市评价指标体系，有助于总结人民城市建设的成效经验。党的十九届六中全会进一步强调，"贯彻新发展理念是关系我国发展全局的一场深刻变革"，"必须实现创新成为第一动力、协调成为内生特点、绿色成为普遍形态、开放成为必由之路、共享成为根本目的的高质量发展"[②]。这一系列重要会议的召开和重要政策文件的发布，进一步明确了我国城市工作的指导思想、总体思路和重点任务，丰富了中国特色城市发展道路的内涵，标志着我国对城市发展规律的把握更加深入。

2. 中国共产党领导上海城市建设的历程

研究中国共产党领导上海建设和发展的实践，从党领导上海建设和发展的实践中把握人民城市建设的历史维度，对在全面建设社会主义现代化国家的历史新征程上进一步推动上海人民城市建设具有重要历史启示和借鉴意义。

新民主主义革命时期，作为全国最大的经济中心和帝国主义侵略中国的主要基地，上海一直受到党中央的高度关注和重视。解放战争期间，为了完整保存上海，党中央主要领导人在党的七届二中全会期间就曾亲自调查研究上海的情况，对如何在武力解放上海的过程中避免上海遭到破坏作出研究，毛泽东同志先后共起草了 19 份电报亲自

① 习近平：《决胜全面建成小康社会　夺取新时代中国特色社会主义伟大胜利——在中国共产党第十九次全国代表大会上的报告》，人民出版社 2017 年版，第 21 页。
② 《中共中央关于党的百年奋斗重大成就和历史经验的决议》，《人民日报》2021 年 11 月 17 日。

指挥解放上海和接管上海的工作，最终上海得以完好地保存了下来。1949 年 5 月 27 日上海解放，上海的解放确立了中国人民民族独立的基础，在中国人民解放事业和民族独立的进程中具有特殊意义。然而，此时上海的经济社会几乎处于全面崩溃的状态，上海的经济建设、文化建设、城市规划等工作是中国共产党在城市工作领域面临的第一场大考。面对这样的情况，以毛泽东同志为核心的党中央明确指出："我们必须维持上海，统筹全局。"①

从新中国成立初期上海在国家发展全局中的地位与作用来看，中国共产党在领导上海发展的实践中逐渐形成了一套全新的城市管理制度和城市治理方式，有力地推动了上海的建设和发展，对新中国的城市建设和城市管理具有影响和示范作用。据《上海通志》记载：1949 年底，中央在全国紧急调运"二白一黑"（粮、棉和煤炭）物资，保证上海供应，实行统制贸易和保护贸易，开展对社会主义国家的贸易；1950 年 3 月，从整理税收、推销公债和银行控制投入三方面，实行统一的财政收入，统一物资调度和现金管理，结束连续 13 年的通货膨胀，确立国营经济在金融业和商品市场的领导地位；1950 年，市政府采用加工、订货、贷款、收购及提高工缴费等方式，扶植私营工业，活跃城乡经济，救济失业工人，完成郊区土地改革；到 1952 年，上海市实现财经状况的根本好转，工农业生产、财政税收等都恢复到解放前的最高水平——全市工农业总产值 71.49 亿元，上海口岸出口创汇 1.197 亿美元，全市财政收入 19.3 亿元，占全国财政收入 10.5%，1950—1952 年，23.6 万余人就业。② 中国共产党接

---

① 《毛泽东文集》第 5 卷，人民出版社 1996 年版，第 335 页。
② 《上海通志》，上海人民出版社 2005 年版，第 113 页。

管上海以后，在 1952 年实现了上海经济全面恢复和发展。1953 年，我国国民经济第一个五年计划开始实施，上海在党中央统一领导下开始对资本主义工商业、手工业和农业进行社会主义改造。1953 年到 1956 年间，上海向全国市场提供了 202.7 亿元工业品，为国家积累资金 189.4 亿元，资金总额相当于"一五"期间全国基建投资额的三分之一以上。此外，上海有 28 万名职工、272 家轻纺工厂迁往外省市，对国家和外地各省市建设提供了大量的人力、财力、物力支援。① 1956 年，毛泽东在充分考虑沿海与内地发展关系的基础上，下达了"上海有前途、要发展"②的重要指示，进一步明确了上海在全国发展大局中的重要地位。

新中国成立后，党中央始终高度重视上海的建设和发展，根据国际国内形势和上海发展建设实际对上海发展的战略定位作出要求和调整，先后编制了 6 个上海城市总体规划，分别为：《〈关于上海市改建及发展前途问题〉意见书》（解放初编）、《上海市总图规划示意图》（1953 年编）、《上海市 1956—1967 年近期规划草案》（1958 年编）、《关于上海城市总体规划的初步意见》（1959 年编）、《上海市城市总体规划方案》（1979 年编）、《上海市城市总体规划》（1991 年编）③。这些总体规划的制定和实施，展示了以上海发展实践探索"具有中国特色、时代特征、上海特点"的社会主义现代化城市发展道路的历史过程。

从改革开放和现代化建设新时期上海的定位与担当来看，党的十

---

① 《上海通志》，上海人民出版社 2005 年版，第 113—114 页。
② 《上海社会主义建设五十年》，上海人民出版社 1999 年版，第 159 页。
③ 《上海通志》，上海人民出版社 2005 年版，第 139 页。

一届三中全会作出了改革开放的伟大决策，党中央确定了"解放思想、开动脑筋、实事求是、团结一致向前看"的指导方针。在党中央的正确领导下，上海加强对城市工作的管理，上海的城市经济发展和城市规划建设实现全新起步。

1984 年 5 月，上海被列为全国 14 个沿海城市进一步对外开放。1985 年 2 月，国务院批转《上海经济发展战略汇报提纲》，高度肯定上海发展建设对于我国现代化建设的重要意义，提出"改造、振兴"上海的要求。城市基础设施是改造和振兴上海的基础和条件。在党中央的正确领导下，上海市委市政府深刻总结了城市建设发展的经验教训，研究制定了《上海市城市总体规划方案》。1986 年，国务院批转《上海市城市总体规划方案》，强调指出这一时期上海城市工作的重点是加强城市的基础设施建设，进一步明确了上海建设和发展的指导思想和中心内容。[1] 1987 年，党的十三大报告指出，"要进一步扩大对外开放的广度和深度，不断发展对外经济技术交流和合作。"[2] 上海市委市政府提出，上海作为"全国最大、位置最重要"的一座开放城市，应该更进一步改革开放，推动开发浦东、建设国际化、枢纽化、现代化的世界一流新市区。[3] 1990 年 3 月 23 日，邓小平同志在同党中央几位负责同志谈话时从战略高度对上海建设发展作出新定位，指出："要实现适当的发展速度，不能只在眼前的事务里面打圈子，要用宏观战略的眼光分析问题，拿出具体措施"，"抓上海，就

① 《江泽民文选》第 1 卷，人民出版社 2006 年版，第 13 页。
② 《十三大以来重要文献选编》上册，中央文献出版社 2011 年版，第 20 页。
③ 《江泽民文选》第 1 卷，人民出版社 2006 年版，第 35 页。

算一个大措施。上海是我们的王牌，把上海搞起来是一条捷径。"①

1990 年，党中央作出开发、开放浦东的决定。1992 年邓小平在上海视察时提出了上海建设发展的新要求，指出：浦东的开发和开放"不只是浦东的问题，是关系上海发展的问题，是利用上海这个基地发展长江三角洲和长江流域的问题"②，要"抓紧浦东开发，不要动摇，一直到建成"③。这是邓小平同志从国家发展全局对上海发展作出的战略思考，是对改革开放与现代化建设新时期上海发展的战略定位。党的十四大报告深化拓展了邓小平同志关于上海发展的战略思想，进一步提出要以上海浦东开发开放为龙头，带动长三角地区沿岸城市的开放，加快推进上海国际经济、金融、贸易中心建设，带动长江三角洲和整个长江流域地区经济实现新发展。④ "党的十五大、十六大、十七大都要求浦东在扩大开放、自主创新等方面走在前列。"⑤面对国内国际形势的新变化，党中央立足上海实际，从科学发展的高度对上海发展建设提出了更高要求，提出上海应"率先求变，转型发展"，加快推进上海"四个率先"，加快推进上海国际经济、金融、贸易、航运中心和社会主义现代化国际大都市建设。上海作为我国对外开放的基地和窗口作用以及现代化建设的示范城市地位得到进一步加强。这也要求上海必须积极实施国家战略，主动承担起率先探索的责任，更好发挥上海在改革开放和现代化建设中的重要作用，努力为

---

① 《邓小平文选》第 3 卷，人民出版社 1993 年版，第 355 页。
② 《邓小平文选》第 3 卷，人民出版社 1993 年版，第 366 页。
③ 《邓小平文选》第 3 卷，人民出版社 1993 年版，第 366 页。
④ 《十四大以来重要文献选编》上册，中央文献出版社 2011 年版，第 19 页。
⑤ 习近平：《在浦东开发开放 30 周年庆祝大会上的讲话》，人民出版社 2020 年版，第 2 页。

全国改革发展作出更多更大贡献。

从中国特色社会主义新时代上海建设发展的新使命来看，党的十八大以来，党中央高度重视上海的建设和发展情况，习近平总书记多次到上海考察和调研，对上海建设发展作出重要指示，明确了在新的历史条件下上海建设发展的新任务，赋予了上海建设"具有世界影响力的社会主义现代化国际大都市"和新时代人民城市的重要使命。

2013年，党中央、国务院作出了建立中国（上海）自由贸易试验区的重大决策，"把我国首个自由贸易试验区、首批综合性国家科学中心等一系列国家战略任务放在浦东"[①]。国务院印发《中国（上海）自由贸易试验区总体方案》，提出上海应努力成为推进改革和提高开放型经济水平的"试验田"，"发挥示范带动、服务全国的积极作用，促进各地区共同发展"[②]，提出上海"面向世界、服务全国"的战略要求和加快推进"四个中心"建设的战略任务，对上海建设发展提出更高要求。建立上海自由贸易试验区是国家发展的战略需要，也是以习近平同志为核心的党中央对上海发展提出的新要求，高度肯定了上海在国家发展全局中的重要作用。党的十八届三中全会进一步指出："建立中国上海自由贸易试验区是党中央在新形势下推进改革开放的重大举措，要切实建设好、管理好，为全面深化改革和扩大开放探索新途径、积累新经验。"[③] 2019年11月，习近平总书记在考察上海杨浦滨江时首次提出了"人民城市人民建，人民城市为人

---

① 习近平：《在浦东开发开放30周年庆祝大会上的讲话》，人民出版社2020年版，第3页。

② 《十八大以来重要文献选编》上册，中央文献出版社2014年版，第397页。

③ 《十八大以来重要文献选编》上册，中央文献出版社2014年版，第525页。

民"重要命题，赋予了上海在全面建设社会主义现代化国家的历史新征程中建设人民城市的新使命。2021 年 4 月，中共中央明确了浦东新区"打造社会主义现代化建设引领区"的新定位，赋予浦东新区改革开放新的重大任务和打造社会主义现代化建设引领区的历史重任。这不仅是党中央对上海未来发展的新要求，也是时代的呼唤和人民的意愿。

上海是世界观察中国的重要窗口，在国家改革开放大局中具有"开路先锋、示范引领、突破攻坚"的作用，在长三角一体化发展中具有引领、带头和示范的重要作用。进入新发展阶段，上海更要主动落实中央的要求，建设"具有世界影响力的社会主义现代化国际大都市"，落实"五个人人"的努力方向，建设"人人都有出彩机会、人人都能有序参与治理、人人都能享有品质生活、人人都能切实感受温度、人人都能拥有归属认同"的人民城市，为全面建设社会主义现代化国家贡献上海力量。

（二）彰显人民城市建设的时代价值

新中国成立以来，上海一直是我国经济社会发展的重要推动力量和展示全国经济社会发展成果的重要平台。探讨人民城市建设的价值必须植根于人民城市建设的实践，要在总结人民城市建设的实践中彰显人民城市建设的时代价值。具体而言，可以从世界发展和中国发展两个维度来把握人民城市建设的独特价值。

1. 从世界发展的价值维度来看

从世界发展的维度来看，人民城市建设具有重要理论、实践和方法论价值。人民城市建设是社会主义现代化城市发展理论的重要发展，能够为当代社会主义现代化城市发展理论提供重要理论借鉴和实践范例。人民城市建设是批判以资本为核心的现代化城市建设的重要武器，是对资本主义城市发展思想的重大超越。人民城市重要理念是认识和解决城市化进程中产生的问题和矛盾的科学方法，对于更好化解城市化进程中的重大问题和矛盾具有重要指导意义。

人民城市建设为当代社会主义城市发展理论提供重要理论资源。"人民城市"是以习近平同志为核心的党中央在深刻把握城市建设发展规律的基础上提出的重要命题。从发展的目标来看，人民城市建设以"城市，让生活更美好"为主要目标，力求实现人民美好生活的愿景；从建设的主体来看，人民城市建设以"人民城市人民建，人民城市为人民"为基本要求，坚持人民在城市建设发展过程中的主体地位；从建设的动力来看，人民城市建设坚持人民至上的源动力，以人民群众作为城市发展的主体力量；从建设的过程来看，人民城市建设坚持人民共同参与城市建设，人民共同治理城市发展难题，人民共同享有城市发展成果，人民贯穿了城市建设发展的全过程。总结人民城市建设的实践，进一步丰富和发展人民城市重要理念，能够为当代社会主义现代化城市发展理论提供重要理论资源和价值规范。

人民城市建设是对以资本为核心的现代化城市建设的批判发展。资本主义国家的城市建设坚持以资本为先、保护私有财产权等理念，在这种发展理念的指导下，消费主义在城市中扩大蔓延甚至已经成为十分严重的社会问题。随着经济全球化程度的不断加深，各国文化交流逐渐深入，由消费主义引发的物欲崇拜、金钱崇拜现象不再仅仅存

在于资本主义国家的城市中，在世界各国不同程度存在，一定程度上
影响了人们对社会主义国家城市的认识和判断。人民城市建设坚持以
新发展理念为引领，明确了人民群众而不是资本在社会主义现代化城
市建设中的主体地位，坚持城市建设依靠人民、城市发展为了人民、
人民城市人民共享，是对资本主义城市发展思想的重大超越。人民城
市建设不仅能够从理论上批判以资本为核心的现代化城市建设，并且
能够在实践层面消解和根除资本主义对社会主义现代化城市建设的消
极影响。

人民城市重要理念是认识城市化进程中问题和矛盾的科学方法。
人民城市重要理念是在深刻认识世界城市现代化发展进程和深刻总结
我国城镇化发展经验教训的基础上而提出的，其中所包含的思想方法
能够为当下我们更好地认识和把握城市化进程中产生的重大矛盾和问
题提供方法论指导。具体而言，人民城市重要理念有利于我们更好认
识和把握诸如现代化城市发展和建设的目标路径、城市发展中人与自
然的关系、经济建设与城市发展的关系等城市化进程中的重大矛盾和
问题，既是科学认识和解决现代化城市建设发展过程中产生的重大问
题和矛盾的重要方法指导，也是引领社会主义现代化城市建设实现发
展进步的重要方法指导。

2. 从中国发展的价值维度来看

站在民族复兴和国家发展的立场上审视人民城市建设的重要意
义，总结新发展理念引领人民城市建设的实践经验，提炼人民城市建
设与贯彻新发展理念的原创性概念和范畴、理念和主张，有利于体现
当代中国马克思主义的实践特色、民族特色、时代特色，有利于坚定
中国特色社会主义道路自信、理论自信、制度自信、文化自信，坚定

走中国特色社会主义城市发展道路的决心和信心。我们可以从理论、制度、文化、实践四个层面探讨人民城市建设在我国发展新征程上的独特价值。

人民城市建设丰富了中国特色社会主义城市发展理论。人民城市重要理念彰显了习近平新时代中国特色社会主义思想的原创性内容，人民城市重要理念的提出，进一步丰富和发展了中国特色城市理论的内涵，必将为社会主义城市理论的发展提供重要资源。人民城市重要理念具有鲜明的问题导向，解决了"建设什么样的城市、怎样建设城市"的根本问题，明确了城市建设发展的路径和目的。"人民城市人民建，人民城市为人民"充分体现了"以人民为中心"的理念，彰显了社会主义现代城市的主体属性、价值指向、治理路径和精神谱系，既继承和发展了中国传统城市理论的要义，又吸收和吸纳了世界城市理论的经验，赋予了城市理论以鲜明的中国特色社会主义特征，构成了"以人民为中心"的中国特色社会主义人民城市理论。① 以人民城市建设的实践不断赋予人民城市重要理念新的时代内涵，目的是为了运用人民城市重要理念和人民城市建设的实践揭示现代化城市建设发展的科学规律，认识城市化进程对我国社会主义现代化城市建设的调整，从而不断调整和优化人民城市建设的实践，并在实践中丰富和发展人民城市理论。人民城市重要理念在理论和实践上实现了新突破，进一步深化人民城市的理论研究，有利于增强中国特色社会主义理论自信。

人民城市建设推动了中国特色社会主义制度创新发展。2019 年

---

① 赵勇：《人民城市为人民，彰显城市发展的价值指向》，《文汇报》2020 年 11 月 11 日。

11 月，习近平总书记在上海虹桥街道基层立法联系点考察时，创造性地提出全过程人民民主的重大论断。全过程人民民主的提出，深刻阐明了我国社会主义民主政治的特质和优势，是中国特色民主政治制度的创新发展。当前，全过程人民民主实践探索在上海各区扎实开展，人大职能作用得到充分发挥，各地区立法高质量推进。2021 年11 月 1 日，首部浦东新区管理措施《浦东新区人民代表大会常务委员会关于率先构建经济治理、社会治理、城市治理统筹推进和有机衔接的治理体系的决定》开始正式实施。① 上海不断推进城市基层治理的制度创新和人民建议征集机制的完善，制订出台了人民建议征集规定，把群众"想法"变成工作"办法"，把市民"金点子"变成发展"金钥匙"，极大提升了建言资政和凝聚共识双向发力的质量和作用，社会主义协商民主优势在人民城市建设的实践中得到了充分彰显。党的二十大报告将"发展全过程人民民主"作为中国式现代化的本质要求之一，并进一步指出："人民民主是社会主义的生命，是全面建设社会主义现代化国家的应有之义。"② "发展全过程人民民主"是我们党对百年来为实现和保证人民当家作主不懈奋斗的宝贵经验的深刻总结，也是中国特色社会主义理论探索的重大创新成果，为新时代推进中国特色社会主义制度优化完善和创新发展提供了方向指引和根本遵循，具有重大的理论意义和实践意义。为推动中国特色社会主义制度的优化完善和创新发展提供了方向指引和根本遵循，具

---

① 杜晨薇:《引领区:改革热度升腾 开放活力焕发》,《解放日报》2022 年 7 月15 日。

② 习近平:《高举中国特色社会主义伟大旗帜 为全面建设社会主义现代化国家而团结奋斗——在中国共产党第二十次全国代表大会上的报告》,人民出版社 2022 年版,第37 页。

有重大的理论意义和实践意义。

人民城市建设促进了中华优秀传统文化创造性转化、创新性发展。2019 年 11 月 2 日，习近平总书记在杨浦区滨江公共空间杨树浦水厂滨江段考察时指出，要妥善处理好保护和发展的关系，注重延续城市历史文脉，像对待"老人"一样尊重和善待城市中的老建筑，保留城市历史文化记忆，让人们记得住历史、记得住乡愁，坚定文化自信，增强家国情怀。① "建筑可阅读"在上海这座城市不断升级和深化，并用不同的表现方式在文化领域之外产生溢出效应，大大提升了城市软实力。② 大量优秀的历史文化建筑成为人民群众观光游览的"打卡地"，实现了在公共空间中贯通历史、当下和未来的生动图景。通过人民城市建设的实践，把上海文化在我国文化中的重要地位和独特贡献讲清楚，把上海文化的丰富内涵和精神品质讲清楚，把上海文化推进社会进步和时代发展的人文价值和文化意义讲清楚，对于提升人民城市建设的文化凝聚力，推动中华优秀传统文化创新发展具有重要意义。这体现在一系列怎么看与怎么办的看法和办法之中，如何深度挖掘隐藏在城市中的红色文化、江南文化、海派文化；如何进一步提炼展示上海优秀传统文化中具有当代价值、世界意义的文化精髓；如何以上海文化为纽带，更好促进各领域互动合作，强化区域协同发展；如何推进上海文化的国际传播和交流对话，在交流互鉴中更好展示中华传统文化形象等，这成为国家文化发展和国家形象塑造的重要

---

① 《加快建设具有世界影响力的社会主义现代化国际大都市》，《人民日报》2022 年 6 月 25 日。

② 徐锦江：《始于建筑，成于故事，归结到人：上海市"建筑可阅读"活动研究》，《文化艺术研究》2021 年第 5 期。

资源，能够更有效推动中华优秀传统文化的创新性转化和创造性发展，增强中国特色社会主义文化自信。

人民城市建设强化中国特色城市化道路的比较优势。从我国发展的历史进程来看，人民城市是党领导人民探索中国特色城市发展道路的新成果，人民城市建设是我国独立自主探索中国特色城市发展道路的重要体现。如何认识城市、建设什么样的城市、如何建设这样的城市，始终是中国共产党领导下城市建设发展的核心议题，形塑着新中国成立以来中国共产党领导城市工作的走向，体现了中国特色城市发展思想的基本脉络。在人民城市建设发展的实践中，人民群众作为社会主义现代化城市建设和发展的主体地位得到确立，社会主义现代城市的本质属性得到彰显。从新阶段经济社会发展的实践来看，新发展理念引领人民城市建设的具体实践，不断推进中国特色城市发展新道路的探索，拓宽中国特色社会主义道路的发展空间。人民城市建设的独特价值和作用得到充分展示。人民城市建设实践将不断推进探索具有中国特色、体现时代特征、彰显社会主义制度优势的超大城市发展道路，不断彰显中国特色社会主义的优势，为中国特色社会主义城市道路的科学性和合理性提供有力证明和有效辩护。总结中国共产党领导上海推进人民城市建设的实践经验，拓展人民城市建设的现实空间，既有利于抵御资本逻辑的泛滥，又有利于在当下和今后城市建设的实践中标注中国特色和上海特色，增强中国特色社会主义道路自信。

人民城市建设为提升国际话语权提供理论支撑和实践资源。人民城市建设将推动构建城市建设发展的中国标准。坚持马克思主义基本原理，总结人民城市建设的理论和实践成果，在厘清人民城市建设基本范畴和概念的基础上，构建体现中国特色而又符合时代要求的城市建设新标准，对于增强我国在国际层面的话语权具有重要意义。在推进城市化的进程中，我们需要参考西方标准，但西方标准终归是基于西方国家国情生长起来的主要适合西方国家制度的建设标准。在城市发展建设到一定程度后，我们更需要自主建构符合中国实际的城市化标准，从而不断提升我国的国际影响力，更好推动我国城市化发展进程。因此，建构城市建设的中国标准具有重要意义。中共上海市第十二次代表大会报告提出：我们要推动上海更深地融入全球经济体系、参与全球经济治理，使更多的"上海指数""上海价格"成为世界市场的晴雨表、更多的"上海标准""上海方案"成为国际规则制定的参照系、更多的"上海创新""上海品牌"成为享誉全球的金名片。[①] 上海是人民城市重要理念的首倡之地，随着上海人民城市建设理论和实践的推进，人民城市建设发展的指标体系构建成为重要关注点。立足新发展阶段，上海在人民城市的建设进程中，必须增强历史主动精神，着力探索并构建现代化城市建设的中国标准，推动现代化城市建设的中国标准走入公众视野并走上国际舞台，为世界城市现代化发展建设提供中国方案，彰显人民城市建设的时代价值。

人民城市建设是展示中国经济社会发展的重要平台。国家实力是话语权的重要支撑，国际话语权的获得需要建立在国家深厚综合国力之上。向世界展示国家发展建设取得的成就是获得国际话语权的重要

---

① 李强：《弘扬伟大建党精神　践行人民城市理念　加快建设具有世界影响力的社会主义现代化国际大都市——在中国共产党上海市第十二次代表大会上的报告》，《解放日报》2022 年 6 月 30 日。

前提，让世界各国理解并认同国家发展建设的成就是提升国际话语权的关键所在。中国特色社会主义进入新时代，长三角一体化发展上升为国家战略，上海在国家发展全局中的重要性更加凸显。上海在经济、政治、文化、社会、生态文明建设等方面成绩显著，在科技、制度、文化、理论创新方面的重要成果为长三角高质量一体化发展提供了坚实有效的示范引领和支撑条件。作为中国故事的重要创造者和传播者，新时代上海讲好中国故事的责任更加必要和迫切。

自 2018 年开始，上海连续成功举办四届中国国际进口博览会，展现了我国在经济全球化背景下全面深化改革、扩大对外开放的坚定决心，也展示了我国在新时代继续推动经济全球化发展的坚定决心。虹桥国际经济论坛、陆家嘴金融论坛、世界顶尖科学家论坛等品牌对于展示上海城市形象、汇聚优势发展资源发挥了重要作用，上海的国际影响力持续提升。[①] 中国上海国际艺术节、上海国际电影节、上海电视节、上海旅游节、上海之春国际音乐节、上海时装周、上海书展、上海国际马拉松赛、F1 中国大奖赛、上海 ATP1000 网球大师赛等节展赛事品牌持续打响，全面提升了上海的城市软实力。

在新发展阶段，人民城市建设继续作为全方位向世界展示中国发展实践的重要平台和讲述新时代中国故事的重要舞台，为我国国际话语权的提升提供丰富的理论和实践资源。人民城市建设明确了中国特色社会主义现代化城市发展的基本方向和价值导向，彰显了中国特色

---

① 李强：《弘扬伟大建党精神 践行人民城市理念 加快建设具有世界影响力的社会主义现代化国际大都市——在中国共产党上海市第十二次代表大会上的报告》，《解放日报》2022 年 6 月 30 日。

社会主义城市发展的比较优势。通过人民城市建设价值维度的彰显，有效解决当前城市建设和发展上存在的问题和突出的矛盾。人民城市建设增强了中国发展成就的说服力，对于增进世界各国对中国特色社会主义的认知和理解具有重要作用。

二、新发展理念与人民城市建设的三大逻辑关联

新发展理念与人民城市建设是中国共产党带领人民推进中国特色社会主义事业的重要成果，反映了中国共产党对经济社会发展和城市建设问题认识的不断深入。新发展理念回答了新发展阶段我国应实现什么样的发展、怎样实现发展的重大问题，彰显了中国共产党"为中国人民谋幸福、为中华民族谋复兴"的初心和使命。人民城市建设是新时代中国特色社会主义的重大理论命题，回答了新的历史征程上建设什么样的城市、怎样建设城市的根本问题，明确了全面建设社会主义现代化国家新的征程中城市建设发展的根本属性，指明了城市建设和城市发展的主体力量和根本方向。立足新时代的历史方位，从目标定位、实践主题和价值指向三个方面来把握新发展理念与人民城市建设的逻辑关联。

（一）目标定位：新发展理念引领建设社会主义现代化国际大都市

2018 年，习近平总书记在上海考察时表示，上海是我国最大的

经济中心城市和长三角地区合作交流的龙头，要不断提高城市核心竞争力和国际竞争力。要发扬'海纳百川、追求卓越、开明睿智、大气谦和'的上海城市精神，立足上海实际，借鉴世界大城市发展经验，着力打造社会主义现代化国际大都市。"建设具有世界影响力的社会主义现代化国际大都市"是党中央对上海发展的战略定位。在推进这一战略定位的历史进程中，我们坚持以新发展理念为引领，坚持人民主体地位，依靠人民主体力量，将创新、协调、绿色、开放、共享的发展理念贯穿于上海城市建设和发展的全过程和城市工作的方方面面，在新的历史条件下开创人民城市建设的新局面，努力创造上海发展的新奇迹。上海建设社会主义现代化国际大都市需要发挥新发展理念的引领和示范作用，打造具有上海特色的城市名片。

1. 以创新发展体现社会主义现代化国际大都市的时代性

创新是发展的动力源泉。创新是一个民族进步的灵魂，是一个国家兴旺发达的不竭源泉。创新是引领发展的第一动力，抓创新就是抓发展，谋创新就是谋未来。党的十八届五中全会提出创新、协调、绿色、开放、共享的发展理念，把创新放在新发展理念首位，以创新引领发展，突出了创新的极端重要性。党的二十大报告强调："创新才能把握时代、引领时代。"[1] 我国从站起来、富起来到强起来的实践表明，创新是一个国家发展进步的动力之源，必须不断推进理论创新、制度创新、科技创新和文化创新[2]。

---

① 习近平：《高举中国特色社会主义伟大旗帜　为全面建设社会主义现代化国家而团结奋斗——在中国共产党第二十次全国代表大会上的报告》，人民出版社 2022 年版，第 20 页。

② 《中共中央关于制定国民经济和社会发展第十三个五年规划的建议》，《人民日报》2015 年 11 月 4 日。

创新是建设社会主义现代化国际大都市的必然选择。在经济全球化的大背景下，世界各国处于竞争与合作交织并存的时代，创新在城市发展的过程中至关重要。只有强大的创新能力才能带动整个城市全面发展，也只有掌握核心技术才能拥有话语权和发展主动权。创新是一个国家和民族发展进步的动力之源，只有创新才能把核心技术牢牢掌握在自己手中，从而占据发展优势、赢得发展先机。要不断提高科技创新水平，坚决打通各种"卡点""堵点"，解决"卡脖子"的问题，畅通经济循环，促进形成强大国内市场。对于上海来说，创新能力的高低直接影响建设具有世界影响力的社会主义现代化国际大都市的进程。上海自新中国成立以来，就一直处于领路者、探路者的位置。上海城市建设的管理经验、探索实践为我国城市建设提供有益参考。上海坚持走创新发展之路建设社会主义现代化国际大都市，对我国城市的整体发展具有十分重要的引领作用。上海在推进社会主义现代化国际大都市建设的过程中不断创新城市规划理念，改进城市规划方法，把以人为本、尊重自然、传承历史、绿色低碳等理念融入城市规划的全过程，增强规划的前瞻性、系统性和连续性，实现一张蓝图绘到底。

2. 以协调发展彰显社会主义现代化国际大都市的整体性

协调是发展的标准和尺度。习近平总书记指出："我国发展不协调是一个长期存在的问题，突出表现在区域、城乡、经济和社会、物质文明和精神文明、经济建设和国防建设等关系上"，"必须牢牢把握中国特色社会主义事业总体布局，正确处理发展中的重大关系，不断增强发展整体性"[1]，"增强发展协调性，必须坚持区域协同、城乡

---

① 习近平：《论把握新发展阶段、贯彻新发展理念、构建新发展格局》，中央文献出版社 2021 年版，第 40 页。

一体、物质文明精神文明并重、经济建设国防建设融合，在协调发展中拓宽发展空间，在加强薄弱领域中增强发展后劲。"①

协调发展是社会主义现代化国际大都市的重要体现。在全国发展的大格局中，协调发展是党中央对上海提出的重要要求。习近平总书记指出："在经济发展水平落后的情况下，一段时间的主要任务是要跑得快，但跑过一定路程后，就要注意调整关系，注重发展的整体效能，否则'木桶效应'就会愈加显现，一系列社会矛盾会不断加深。"② 推动政治、经济、文化、社会、生态文明建设协调发展，是对建设社会主义现代化国际大都市的必然要求，坚持协调发展对上海建设社会主义现代化国际大都市具有重要意义。上海以高度的自觉和自信坚持协调发展理念，贯彻落实国家对长三角发展的总体部署，推动长三角区域一体化发展，让各区域共同参与到发展实践中来、共享发展成果，引领上海打造区域协调发展新样板。上海坚持协调发展理念，推动物质文明和精神文明协同发展，提高人民生活品质，丰富人民精神生活，开创具有文化底蕴和制度优势的人文城市新局面。上海坚持协调发展理念，统筹好发展与安全。"推动创新发展、协调发展、绿色发展、开放发展、共享发展，前提都是国家安全、社会稳定。没有安全和稳定，一切都无从谈起。"③ 在统筹发展和安全的基础上，建设具有获得感、幸福感和安全感的城市样态。

---

① 《中共中央关于制定国民经济和社会发展第十三个五年规划的建议》，《人民日报》2015 年 11 月 4 日。
② 习近平：《论把握新发展阶段、贯彻新发展理念、构建新发展格局》，中央文献出版社 2021 年版，第 40 页。
③ 习近平：《论把握新发展阶段、贯彻新发展理念、构建新发展格局》，中央文献出版社 2021 年版，第 107 页。

3. 以绿色发展增强社会主义现代化国际大都市的可持续性

绿色是发展的风向标。绿色发展"代表了当今科技和产业变革方向，是最有前途的发展领域"。[①] 必须坚持节约资源和保护环境的基本国策，坚持可持续发展，坚定走生产发展、生活富裕、生态良好的文明发展道路，加快建设资源节约型、环境友好型社会，形成人与自然和谐发展的现代化建设新格局，推进美丽中国建设，为全球生态安全作出新贡献。[②]

绿色是社会主义现代化国际大都市的鲜亮底色。绿色发展是经济社会健康发展的必由之路，是城市文化繁荣发展的活力之源。随着生活水平不断提高，人民群众由"奔小康"到现在的"要健康"，"人民群众对清新空气、干净饮水、安全食品、优美环境的要求越来越强烈。"[③] 然而，当前我国面临着十分严峻的资源约束趋紧、环境污染严重、生态系统退化等问题。上海作为一个超大型城市，资源环境承载力的约束问题更加突出，城市的生存空间和资源环境的承载能力成为上海建设社会主义现代化国际大都市的过程中必须解决的问题。上海走绿色发展之路，大力发展绿色经济以突破资源环境的制约瓶颈，掌握经济社会发展中的主动权，推动城市发展动力绿色化转型，不断满足人民日益增长的优美环境需要，推动实现绿色生活、绿色社会。良好生态环境是最普惠的民生福祉，城市的生产、生活、生态的协调

---

①　习近平：《论把握新发展阶段、贯彻新发展理念、构建新发展格局》，中央文献出版社 2021 年版，第 117 页。

②　《中共中央关于制定国民经济和社会发展第十三个五年规划的建议》，《人民日报》2015 年 11 月 4 日。

③　习近平：《论把握新发展阶段、贯彻新发展理念、构建新发展格局》，中央文献出版社 2021 年版，第 41 页。

是影响城市发展的重要问题。建设社会主义现代化国际大都市绝不能以破坏生态环境为代价。上海在建设社会主义现代化国际大都市的过程中坚定走生产发展、生活富裕、生态良好的绿色发展道路，加快发展方式和生活方式绿色转型，推进绿色城市建设，实现城市发展动力绿色化、人与自然和谐共生，提升社会主义现代化国际大都市的绿色福祉。

4. 以开放发展提升社会主义现代化国际大都市的包容性

开放是上海人民城市建设的最大优势。改革开放是中国共产党带领全国人民大踏步赶上时代发展的重要法宝。我国改革开放四十多年的实践成就证明，开放是国家发展的重要条件，是国家繁荣富强的必由之路。坚持开放发展是我国经济社会发展的宝贵经验，也是社会主义现代化建设的内在要求。追求发展是世界各国的共同愿望，坚持开放发展能够使我国更好适应经济全球化的大趋势，更好顺应和平发展、合作共赢的时代潮流，掌握在世界发展格局中的主动权。

开放是建设社会主义现代化国际大都市的必由之路。开放是构建国内国外双循环发展格局的重要内容。作为一座超大型城市，上海是"全国改革开放排头兵、创新发展先行者"，上海走好开放发展之路不仅对上海自身意义重大，对国家的发展也具有特殊意义。上海在改革开放的进程中始终坚持解放思想，"吃改革饭、走开放路、打创新牌"是上海发展的重要经验。在新的历史条件下如何把握开放力度，"创新开放模式，促进沿海内陆沿边开放优势互补，形成引领国际经济合作和竞争的开放区域，培育带动区域发展的开放高地"，[①] 这是

---

① 胡锦涛：《坚定不移沿着中国特色社会主义道路前进 为全面建成小康社会而奋斗——在中国共产党第十八次全国代表大会上的报告》，《人民日报》2012 年 11 月 18 日。

上海人民城市建设必须回答好的问题。以开放发展理念引领上海人民城市建设，要坚持"面向世界、服务全国"，以"海纳百川、开放包容"的非凡气度和"开明睿智、大气谦和"的博大胸怀，探索走出一条符合超大型城市发展的新路。从国家发展的大格局来看，上海要构建对外开放新格局，探索常态化疫情防控条件下的经济增长新动能、社会生活新模式、人员往来新路径，在扩大开放中推进人民城市建设。从国家对上海发展的战略部署来看，上海要在推进长三角一体化发展的实践中不断探索对内开放新路径，发挥示范作用和带动作用，推动长三角城市群协同发展，为我国经济社会发展贡献力量。

5. 以共享发展显示社会主义现代化国际大都市的优越性

共享是发展的出发点和归宿点。习近平总书记指出："在共享改革发展成果上，无论是实际情况还是制度设计，都还有不完善的地方。"① 老百姓实实在在的获得感、幸福感、安全感就是共享发展的最直接体现。共享发展是中国特色社会主义的本质要求，"必须坚持发展为了人民、发展依靠人民、发展成果由人民共享，作出更有效的制度安排，使全体人民在共建共享发展中有更多获得感，增强发展动力，增进人民团结，朝着共同富裕方向稳步前进"②。

共享是社会主义现代化国际大都市的本质属性。共享发展充分彰显了人民的主体地位，是以人民为中心的发展思想的集中体现。让广大人民群众共享改革发展成果，既是社会主义的本质要求，也是社会

① 习近平：《论把握新发展阶段、贯彻新发展理念、构建新发展格局》，中央文献出版社2021年版，第42页。
② 习近平：《论把握新发展阶段、贯彻新发展理念、构建新发展格局》，中央文献出版社2021年版，第502页。

主义制度优越性的集中体现，更是中国共产党坚持全心全意为人民服务根本宗旨的充分彰显。建设社会主义现代化国际大都市必须坚持走共享发展之路。当前，上海在基本公共服务水平、人民收入差距、贫富差距等方面都还存在不同程度的问题，严重制约着城市建设的进一步发展。唯有直面问题，真抓实干，才能切实为人民群众解忧消愁，调动人民群众参与城市发展建设的积极性、主动性、创造性，为人民城市建设汇聚磅礴伟力。以共享发展引领上海建设社会主义现代化国际大都市，必须坚持人民至上理念，坚持人民主体地位，坚持城市发展和建设为了人民、依靠人民、发展建设成果由人民共享，切实推动公共服务均等化，不断践行"人民城市人民建，人民城市为人民"。

总之，新发展理念引领人民城市建设，把新发展理念贯穿于人民城市建设的全过程，这是上海建设社会主义现代化国际大都市的必然要求。坚持创新发展，打造创新驱动发展的社会主义现代化国际大都市。坚持协调发展，打造全面协调可持续发展的社会主义现代化国际大都市。坚持绿色发展，打造人与自然和谐共生的社会主义现代化国际大都市。坚持开放发展，打造开放包容的社会主义现代化国际大都市。坚持共享发展，打造人民满意的社会主义现代化国际大都市。

（二）实践主题：新发展理念引领人民城市高质量发展

推动高质量发展是"十四五"时期我国经济社会发展的主题，这是以习近平同志为核心的党中央根据我国发展阶段、发展环境、发展条件变化作出的科学判断。习近平总书记强调，"新时代新阶段的发展必须贯彻新发展理念，必须是高质量发展。"① 当前上海，进入了高质量发展的新阶段，但对标中央要求、人民期盼，对照国际最高标准、最好水平，城市综合实力还有较大提升空间，国际影响力、竞争力和全球要素资源配置能力还不够强，创新驱动发展动能亟待加强，新动能培育和关键核心技术突破还需下更大力气，城市管理、生态环境等方面仍需不断提升品质，教育、医疗、养老等公共服务供给和保障水平有待进一步提升，人才、土地等要素资源对高质量发展的约束需要加快破解，应对潜在风险隐患对超大城市安全运行的挑战一刻也不能松懈。② 上海推进人民城市建设，必须立足新发展阶段，完整、准确、全面贯彻新发展理念，牢牢把握推进高质量发展这一主题，主动融入构建新发展格局，推动人民城市高质量发展。

习近平总书记强调："要把上海的发展放在党中央对上海发展的战略定位上，放在经济全球化的大趋势下，放在全国发展的大格局中，放在国家对长三角洲区域发展的总体部署中思考和谋划。"③ "四个放在"的战略要求说明，上海是全国的上海，上海的发展绝不可以独善其身，也绝不可以独惠其身。上海主动落实好中央的部署和要求，既要深刻把握坚持以人民为中心的发展思想，深入认识贯彻新发展理念、构建新发展格局对推动人民城市高质量发展的要求，也要统筹"四个全面"战略布局和"五位一体"总体布局。以新发展理念

---

①　习近平：《论把握新发展阶段、贯彻新发展理念、构建新发展格局》，中央文献出版社 2021 年版，第 421 页。

②　《上海市国民经济和社会发展第十四个五年规划和二○三五年远景目标纲要》，《解放日报》2021 年 1 月 30 日。

③　习近平：《坚定走科学发展之路　加快推进"四个率先"　努力开创"四个中心"和社会主义现代化国际大都市建设的新局面》，《解放日报》2007 年 5 月 30 日。

引领上海实现高质量发展，需要结合时代特征和上海特点准确把握上海在党和国家发展全局中的地位，准确把握上海在服务和融入新发展格局中的比较优势，走出一条符合上海实际的高质量发展之路，为全面建设社会主义现代化国家贡献上海力量。

1. 经济建设：人民城市高质量发展的基本前提

经济高质量发展是人民城市高质量发展的基本前提。城市是经济发展的中心，人民城市建设的重要任务之一，就是推动经济高质量发展，以高质量发展的经济促进人民生活质量、城市环境质量、城市竞争力的提升，建设"和谐宜居、富有活力、特色鲜明"的现代化城市，为满足人民日益增长的美好生活需要提供更加坚实的经济基础和物质保障。要深刻把握上海特点，持续放大"五型经济"的优势，以创新型经济、服务型经济、总部型经济、开放型经济、流量型经济为重点，加快完善城市经济发展格局，建设符合上海发展实际的现代化经济体系，筑牢人民城市高质量发展的物质基础。

创新是经济高质量发展的第一动力。创新是一个系统性工程，涉及理论、制度、文化、科技等多方面的创新，要以理论创新为引领带动科技、制度、文化的创新，充分发挥创新在现代化经济体系建设中的作用。上海坚持走创新发展之路，以创新引领城市各项建设尤其是城市经济发展，全面提高城市经济的整体竞争力，推动经济高质量发展，为建设高质量发展的人民城市提供坚实物质基础。

协调是经济高质量发展的内在要求。协调既是经济发展的主要手段，又是经济发展的重要目标，城市发展首先表现在城市经济建设的全面发展和城市物质文明的全面进步。上海坚持走协调发展之路，统筹发展和安全，在城市规划和城市布局中统筹经济、生活、生态和安全需要，推动区域协调发展和城乡一体化发展，促进城市经济社会的全面发展，为建设高质量人民城市提供有力支持。

绿色是经济高质量发展的主要体现。绿色发展是缓解"城市病"问题和改善城乡生态环境质量的重要指导和根本价值遵循，也是经济高质量发展的重要支撑，坚持绿色发展是提升城市发展质量和资源环境承载能力的重要途径。上海坚持绿色发展理念，加快发展绿色产业，进一步完善绿色金融体系，推动实现经济发展动力、方式和结构的绿色化转型，全面增强城市整体性和系统性，推动形成经济发展新的生长点，从而保持经济高质量发展的生命力。

开放是经济高质量发展的必然选择。开放是新发展理念的核心内容，也是实现经济高质量发展的关键保障，坚持开放发展是实现创新、协调、绿色、共享发展的重要条件。对外开放是我国的基本国策，任何时候都不能动摇。上海坚持走开放发展的道路，在改革系统集成协同高效上下功夫，在推进高水平制度型开放上下功夫，服务构建新发展格局，在更加开放的条件下推动城市经济实现高质量发展。

共享是经济高质量发展的本质属性。共享经济社会发展的成果是增进人民福祉、促进人民城市高质量发展的必然要求。上海将共享发展作为经济高质量发展"最终目的"，整体理解和把握共享的全民性、全面性、共建性、渐进性要求，既要把"蛋糕"做大，又要把"蛋糕"分好，落实共享发展理念，不断提升全体人民的获得感、幸福感、安全感，为经济社会提供源源不断的发展动力。

2. 政治建设：人民城市高质量发展的有力保证

政治建设是推动人民城市高质量发展的有力保证。人民城市建设坚持以政治建设为统领，把政治建设作为第一建设、政治能力作为第一能力、政治作为第一作为，全力打造风清气正的政治生态，不断增强"四个意识"、坚定"四个自信"、自觉做到"两个维护"，坚持从政治上谋城市规划、从政治上抓城市建设、从政治上看城市发展，确保城市工作各领域各方面始终保持正确方向，稳步推进人民城市高质量发展。

坚持党的政治领导，彰显政治本色。坚持和加强党的政治领导，是全面建设社会主义现代化国家的历史征程中应对各种风险和挑战，推动社会主义现代化城市实现发展的根本保障。人民性是党领导推进城市建设的本质属性。中国共产党自成立之初就把"为中国人民谋幸福、为中华民族谋复兴"作为自己的初心和使命。上海人民城市建设坚持为了人民、依靠人民，以经济建设为中心，以增进民生福祉为目的，做到不忘本、不忘根、不忘源，在奋进新时代中永葆强大的生命力和战斗力，不断彰显人民至上的政治本色。

加强党的政治建设，提高政治能力。提高政治判断力，深入研判重大问题和把握关键环节，坚持问题导向贯穿人民城市建设，始终保持头脑特别清醒、眼睛特别明亮，把党领导上海建设发展的历史经验和对上海建设发展的战略定位作为重要依据，保证人民城市建设政治方向不偏。提高政治领悟力，"把贯彻党中央精神体现到谋划重大战略、制定重大政策、部署重大任务、推进重大工作的实践中去"①，深刻把握党中央对上海发展的战略定位和习近平总书记视察上海的讲话精神，紧密结合上海实际，自觉把"人民城市"重要理念贯彻落实到城市发展的全过程和城市工作各个方面。提高政治执行力，按照

———————

① 《习近平关于全面从严治党论述摘编》，中央文献出版社 2021 年版，第 154 页。

党中央指明的政治方向推进人民城市建设，把人民城市建设的着力点放在解决最突出的矛盾和问题上，"经常对表对标，及时校准偏差，强化责任意识，确保落实到位"①。

营造良好政治生态，筑牢政治信仰。人民是党的根基、血脉和力量所在，要把赢得人民拥护支持作为党的政治建设的重要内容，不断夯实党的政治根基，营造风清气正的政治生态。上海把加强政治建设、坚定理想信念作为党的建设的首要任务，突出"两个注重"。注重强基固本的长效机制建设，推进党的政治建设与思想、组织、作风、纪律、制度建设协调发展，注重统筹协调教育资源，充分用好用活人民城市的红色资源，赓续弘扬上海作为"党的诞生地"的红色基因，筑牢广大党员和干部的信仰之基。

加强党的自身建设，防范政治风险。防范政治风险是党的政治建设的核心内容。当前，世界经济增速持续放缓，国际环境错综复杂，我国改革发展稳定的任务艰巨繁重。上海作为我国改革开放的排头兵和创新发展的先行者，持续推进全面从严治党走向深入，要求领导干部以正视问题的自觉和刀刃向内的勇气，不断增强自我净化、自我完善、自我革新、自我提高的能力，坚持从忧患意识出发，对外部输入性风险保持高度的敏锐和警惕，不断应对贸易保护主义、单边主义、逆全球化和反全球化的负面影响，加强战略性、系统性、前瞻性谋划，增强防范化解风险的能力和应对国际环境挑战的能力。

3. 文化建设：人民城市高质量发展的内在要求

加强文化建设是人民城市高质量发展的内在要求。文化兴则城市

---

① 《习近平关于全面从严治党论述摘编》，中央文献出版社 2021 年版，第 385 页。

强。人民城市高质量发展离不开城市文化的高质量发展。"满足人民日益增长的精神文化需求，必须抓好文化建设，增加社会的精神文化财富。"① 文化建设是提升城市能级和核心竞争力的重要支撑。人民城市建设坚持人民立场，推动文化事业和文化产业发展，增强城市文化的创造力、辐射力和影响力，全方位提升城市文化软实力，不断彰显人民城市精神品格，推动人民城市文化高质量发展。

新发展理念塑造人民城市的新形象。城市高质量发展既表现在经济的高质量发展，还表现在城市文化的繁荣和城市文脉的延续、城市形象的塑造和展现以及城市精神的丰富和发展等方面。人民城市建设把"创新、协调、绿色、开放、共享"的发展理念融入人民城市形象的塑造之中，从城市的历史、城市的文脉中挖掘城市文化的核心内容，在传承城市历史文化的基础上实现城市文化的创新性发展，塑造城市文化新形象，为城市文化繁荣发展提供支撑。

不断增强人民城市建设的文化创造力。上海是中国共产党诞生之地，有着丰厚的历史文化底蕴和丰富的红色文化资源。上海人民城市建设坚持创新发展理念，在传承城市文脉的实践中探索城市文化建设新路径，不断激发城市文化的创新力和创造力。以创新文化产业结构为支撑点，着力打造具有上海特色的文化经济，繁荣城市文化产业，为城市文化发展注入新动力；以创新文化事业内容为关键点，全面开创城市公共文化服务新局面，使城市文化焕发新活力。

不断增强人民城市建设的文化辐射力。人民城市建设注重上海文化资源的挖掘与整合，发挥上海自身特有优势，不断增强城市文化的

———————————

① 习近平：《在文艺工作座谈会上的讲话》，《人民日报》2015 年 10 月 15 日。

传播力、吸引力和辐射力。注重挖掘上海红色文化、海派文化、江南文化的丰富内涵，探索城市历史文化与当下的文学艺术创作、城市建筑、美食、生态建设等相融合的新路径，推动传统文化创新性转化和创造性发展。注重发展文化产业和文化事业，以特色文创产品的开发助力上海创造出更多具有强辐射力的文化品牌，让城市文化融入人民的精神生活。

不断增强人民城市建设的文化影响力。城市的精神品格是城市建设的灵魂，弘扬上海的城市精神是增强上海的城市文化软实力的重要途径。人民城市建设既注重立足上海实际充分挖掘本土文化，又面向世界不断融合外来文化，提高城市文化的包容性和开放性。注重公共文化服务的供给能力和服务能力，在做大做强人民城市文化产业的同时，做优做实人民城市文化事业，开创新时代人民城市文化繁荣发展新气象。

4. 社会建设：人民城市高质量发展的民生根基

推进社会建设是人民城市高质量发展的民生根基。民心是最大的政治。推进社会建设必须坚持以人民为中心的发展思想，通过发展民生来赢得民心。这就要认真倾听人民群众的声音、真实反映人民群众诉求、自觉接受人民群众的监督。统筹民生建设和社会治理，关注人民群众在教育、就业创业、收入、医疗、住房等各领域各方面的现实问题，全面提升人民群众的生活品质，不断增强人民的获得感、幸福感、安全感。

完善城市治理体系。人民城市建设要求加强和创新社会治理，完善社会治理体系，为人民安居乐业、社会安定有序提供有力支持。坚持在创新城市治理体系的实践中保障和改善民生，团结带领人民创造幸福生活，"抓住人民最关心最直接最现实的利益问题，不断实现好、维护好、发展好最广大人民根本利益，努力使全体人民学有所教、劳有所得、病有所医、老有所养、住有所居"①。加强制度建设，完善城市治理体系，"着力解决地区差异大、制度碎片化"② 等问题，让人民城市建设管理工作有章可循，为开辟人民城市建设新局面提供制度保障。

提高人民生活质量。人民城市建设注重统筹推进普惠性、基础性、兜底性民生建设，全面加强社会保障体系建设，解决人民的基本保障问题，扎实推进人民城市安全工作，为人民群众生命财产安全提供保障，让人民群众更安心。注重推进教育、医疗等社会事业全面发展，以城市更新为手段加快补齐城市基础设施和城市基本公共服务短板，切实解决人民群众关心的热点难点问题，全面提升城市能级和人民生活品质，让人民群众更舒心。注重将人民的长远利益和眼前利益相结合，统筹城市建设发展中的短期应对和长远治理问题，增强城市安全工作的针对性和整体性，不断关注并满足人民群众日益增长的发展需求，让人民群众更放心。

优化人民生活环境。人民城市建设坚持以新发展理念引领建设资源节约型和环境友好型社会，积极发展绿色产业，推动经济转型升级，把人民城市建设成宜居宜业的绿色城市。注重从整体上进行城市公共空间的规划和设计，以高品质的城市规划建设水平为纾解"城市病"提供有力支持，推广杨浦滨江"工业锈带"转型"生活秀带"的成功经验，推动"一江一河"沿岸公共空间的改造和升级，为市

---

① 《十八大以来重要文献选编》下册，中央文献出版社 2018 年版，第 385 页。
② 《习近平关于社会主义社会建设论述摘编》，中央文献出版社 2017 年版，第 7 页。

民创造更多休闲运动和娱乐漫步的空间。注重推进城市基础设施更新和游憩系统建设，用"微更新"优化人民群众的居住环境、生活环境和出行环境，让广大市民有更多游憩空间。注重实施健康中国战略，树立大卫生、大健康的观念，更好满足人民对美好生活的向往。

注重提升民生"三感"。人民城市建设注重守好民生底线，用发展成果增强人民群众获得感。注重保障基本民生，推动基本公共服务均等化，积蓄人民城市高质量发展新动能，推进构筑城市安全预防体系和城市安全常态化管控和应急保障体系，增强人民群众安全感。注重提升民生质量，关注人民群众关切，增强人民群众幸福感。人民城市建设注重落实全生命周期管理理念，把"一网统管"融入城市规划、建设、管理的各方面和全过程，以现代化信息技术手段进行资源整合和数据汇集治理，不断提升城市资源配置能力和城市治理精细化水平，满足人民对城市生活的美好期待，全面提升人民群众获得感、幸福感、安全感。

5. 生态文明建设：人民城市高质量发展的必然选择

生态文明建设是人民城市高质量发展的必然选择。生态环境问题是世界各国共同面临的严峻考验，没有任何一个国家可以独善其身。生态是最普惠的民生福祉，生态文明建设健康发展是人民城市高质量发展的必然要求。"保护环境就是保护生产力，改善环境就是发展生产力"①。发展绿色经济对厚植经济发展优势、拓宽经济发展空间具有重要意义，能够为经济腾飞提供长久动力。人民城市建设坚持系统思维、统筹谋划，把绿色发展、循环发展、低碳发展作为生态文明建

---

① 习近平：《论把握新发展阶段、贯彻新发展理念、构建新发展格局》，中央文献出版社 2021 年版，第 90 页。

设的基本途径，不断提升人民城市生态环境质量，建设人与自然和谐共生的社会主义现代化城市。

人民城市建设实现人与自然和谐共生的美好家园。城市是生态文明建设的重要组成部分，也是实现"碳达峰、碳中和"目标的主要战场。人民城市建设注重发挥城市在生态文明建设方面的积极作用，注重创新城市生态文明建设的制度体系、制度供给和建设模式，破除制约当前城市在生态文明建设方面的体制机制障碍，破解当前城市生态文明建设的难题，为超大型城市生态文明建设提供有益探索。人民城市建设注重统筹城市的政治、经济、文化、社会和党建等各方面资源力量，协同推进城市生态文明建设，促进城市建设各环节有序衔接和城市各方面协调发展，实现人民城市物质文明和精神文明的协调发展，实现人与自然、人与社会、人与人和谐共生。

人民城市建设让人民群众享有更高品质的生活空间。人民城市建设坚持绿色青山就是金山银山的重要理念，发挥长三角生态绿色一体化发展示范区的生态文明建设的试验田作用，不断推动解决好空气污染、污水排放、噪音问题等制约提升人民生活品质的主要问题，"使城市更健康、更安全、更宜居，成为人民群众高品质生活的空间。"① 注重城市建设与自然环境融合共生，将好山好水好风光融入人民城市的建设之中，让人民群众能够在城市生活中看见青山绿水和蓝天白云，真正做到城市之中有山水、山清水秀映城市，推动城市生态环境持续改善，实现人民城市的高质量绿色发展。

人民城市建设让人民群众共享生态文明建设的成果。习近平总书

---

① 习近平：《论把握新发展阶段、贯彻新发展理念、构建新发展格局》，中央文献出版社 2021 年版，第 346 页。

记强调，"让良好生态环境成为人民生活的增长点、成为展现我国良好形象的发力点，让老百姓呼吸上新鲜的空气、喝上干净的水、吃上放心的食物、生活在宜居的环境中、切实感受到经济发展带来的实实在在的环境效益，让中华大地天更蓝、更绿、水更清、环境更优美，走向生态文明新时代。"① 人民城市建设注重人民城市的规划、建设和治理绿色化，推动形成节约资源和保护环境的空间格局、产业结构、生产方式，不断优化城市公共空间建设，让全体人民共享城市生态文明建设的新成果，真正实现生态文明建设成果由人民共享。

人民城市建设聚焦人民城市高质量发展的主题，从总体布局视角进行审视，进一步明确人民城市高质量发展的基本前提、有力保证、内在要求、民生根基和必然选择。在推动经济高质量发展、坚持政治建设、重视文化建设、推进社会建设、加强生态文明建设的协调发展中，实现新发展理念引领人民城市建设。

（三）价值指向：把握以人民为中心的发展思想

以人民为中心的发展思想体现了我们党全心全意为人民服务的根本宗旨，体现了人民是推动发展的根本力量的唯物史观。② 在全面建设社会主义现代化国家的新征程上，始终把人民群众放在党和国家发展的最高位置，坚持把以人民为中心的发展思想贯穿于经济社会发展各个环节。以新发展理念为引领推进人民城市建设，就要坚持以人民为中心的发展思想，实现"城市让生活更美好"。

---

① 《十八大以来重要文献选编》下册，中央文献出版社 2018 年版，第 165 页。
② 《十八大以来重要文献选编》下册，中央文献出版社 2018 年版，第 168 页。

坚持以人民为中心的发展思想推进人民城市建设，是贯彻新发展理念的内在要求。城市是国家经济发展的重要载体，城市现代化是国家现代化发展的直接体现。人民城市是对中国特色城市道路探索的创新发展。作为我国经济社会发展重要组成部分的"人民城市建设"，必须以新发展理念为基本遵循和引领。新发展理念引领人民城市建设，要深刻把握以人民为中心的发展思想，站稳人民立场，时刻牢记"人民至上"的价值遵循，紧紧依靠"人民主体"的价值力量，以把人民城市建设成为"宜业、宜居、宜乐、宜游"的"四宜城市"为价值目标，以"人民满意"作为衡量城市发展建设的价值标准，实现好、维护好、发展好人民群众的根本利益，从而达成"人民幸福"的价值归宿。通过新发展理念引领人民城市建设，把上海建设成为"人人都有人生出彩机会、人人都能有序参与治理、人人都能享有品质生活、人人都能切实感受温度、人人都能拥有归属认同"的社会主义现代化城市，共同谱写新时代人民城市建设的新篇章。

1. "人民至上"是人民城市建设的价值遵循

"人民至上"是以人民为中心的发展思想的价值表达，体现了我们党全心全意为人民服务的根本宗旨。"党的根基在人民、血脉在人民、力量在人民，人民是党执政兴国的最大底气。"[①] 人民至上是中国特色社会主义的根本价值取向，人民立场是中国共产党的根本政治立场。"坚持人民至上"是中国共产党百年奋斗的基本历史经验之一，是党和人民共同创造的精神财富，体现了马克思主义的群众史观，蕴含着"以人民为中心""坚持人民主体地位""尊重人民首创

---

① 《中共中央关于党的百年奋斗重大成就和历史经验的决议》，《人民日报》2021年11月17日。

精神"等理念，为推进人民城市建设提供了根本价值遵循。

"人民主体"是人民城市建设的根本力量。人民群众是历史发展的主体，人民群众是历史的创造者。从城市发展的层面来看，人民是城市建设和推动城市发展的主体。人民城市建设直接关系广大人民群众的最根本利益和对美好生活的现实需要，人民城市是民生福祉的生动写照，人民性是内在于人民城市建设的政治立场。推进人民城市建设，把握"为人民谋幸福、让生活更美好"的工作基调，把尊重民意、汇集民智、凝聚民力、改善民生贯穿于人民城市建设的各方面和全过程，坚持把满足人民对美好生活的向往作为新时代推进人民城市建设的核心内容。

"人民共建"是人民城市发展的根本动力。解放和发展社会生产力，是社会主义的本质要求。人民城市建设要尊重人民首创精神，发挥人民群众在城市建设和发展过程中主体地位的作用，不断激发人民群众创新思想，调动人民群众的积极性和创造性。注重引导人民群众积极参与人民城市建设的实践，尊重人民群众对城市各领域各方面工作的知情权、监督权和参与权，不断提高人民群众对城市建设工作的支持度、参与度、满意度，以"人民城市建设有我"的姿态共同推进人民城市建设。注重推动人民群众解放思想、不断更新思想观念，不断研究新情况、解决新问题，为城市建设发展注入新动力。

"人民共治"是人民城市治理的重要方式。人民城市建设注重汇聚人民共治的智慧和力量。注重发挥基层党组织的治理力量，从人民群众的实际出发考量城市工作，将基层党组织打造成传播党的思想理论、凝聚人民群众共识、整合社会治理力量的重要载体。注重构建民主协商的机制，把全过程民主贯穿到城市工作的方方面面，坚持以共同体意识汇聚人民群众的智慧和力量，不断将人民民主的制度优势转化为城市治理效能，完善群众参与的制度化渠道，更好发挥人民群众在城市工作中的主体作用，着力把上海打造成治理体系和治理能力现代化的城市样本。

"人民共享"是人民城市治理的价值追求。习近平总书记指出："共享理念实质就是坚持以人民为中心的发展思想，体现的是逐步实现共同富裕的要求。"[①]"人民城市人民建，人民城市为人民"要坚持走共享发展之路，真正实现建设成果由全体人民共享。注重解决"人民共享"过程中出现的不平衡现象，推动城乡协调发展、长三角区域一体化发展、统筹发展和安全，为"人民共享"提供基本保障。

2. "四宜城市"是人民城市建设的价值目标

坚持以人民为中心的发展思想推进人民城市建设，提高城市工作系统性和全局性，全面推进生产、生活、生态融合发展，推动空间、规模、产业三大结构协调发展，推动规划、建设、管理三大环节有序衔接，推进城市有机更新和历史风貌保护有机结合，努力建设体现新发展理念的"四宜城市"，不断满足人民对城市生活的美好期待，让"城市答卷"写满获得感、幸福感、安全感。

第一，生产、生活、生态三大布局融合发展，着力营造宜居环境。人民城市建设注重增强城市内部布局的合理性，"把握好生产空间、生活空间、生态空间的内在联系"[②]，推动城市生产、生活、生态布局更加合理化、人性化和科学化。住有所居是营造宜居环境的基

---

① 习近平:《论把握新发展阶段、贯彻新发展理念、构建新发展格局》，中央文献出版社 2021 年版，第 42 页。

② 《十八大以来重要文献选编》下册，中央文献出版社 2018 年版，第 88 页。

本前提，要以完善租购并举的住房保障体系为重点，扎实推进中心城区旧区改造、"旧房加梯"、交通治理等项目，不断满足人民群众多层次的住房需求。注重城市不同功能区的交互交织、有机组合，围绕涉及人民群众切身利益的衣食住行、就业创业、教育文化、生活环境、医疗保障、养老服务、公共健康、安全生产、社会治理等问题进行布局和规划，推动"15 分钟社区生活圈""社区小学步行 10 分钟""社区中学步行 15 分钟""社区养老设施步行 5 分钟""菜市场（生鲜超市）步行 10 分钟""足球场地设施步行 15 分钟"① 等项目建设，使人民群众出行更方便、社区功能更完善、城市环境更宜居，让人民生活工作、就业就学更加舒适更加便捷。处理好生产发展、生活便利和生态环境保护的关系，不断满足人民群众对城市宜居生活的期待，把人民城市建设成"生产空间集约高效、生活空间宜居适度、生态空间山清水秀"② 的宜居城市。

　　第二，空间、规模、产业三大结构协调发展，着力创建宜业城市。全面创建充满生机活力的宜业城市，按照《上海市城市总体规划（2017—2035 年）》和《国务院关于上海市城市总体规划的批复》的要求，贯彻落实习近平总书记考察上海重要讲话精神，深入践行"人民城市"重要理念，进一步推动人民城市实现创建宜业城市的基本要求。人民城市建设注重持续提升中心城区功能品质，立足上海各区域的发展实际，持续放大地区原有发展优势，形成"网络化、多中心、组团式、集约型"的空间格局，促进长三角城市群一体化发

---

　　① 中华人民共和国自然资源部：《社区生活圈规划技术指南》（TD/T1062—2021），2021 年 6 月 9 日。

　　② 《十八大以来重要文献选编》下册，中央文献出版社 2018 年版，第 88 页。

展,加快构建具有国际影响力的世界级城市群,增强人民城市的吸引力,更好服务长三角、服务长江经济带、服务全国。人民城市建设全面融入构建双循环新发展格局,推动自贸试验区临港新片区、虹桥商务区、张江科学城等重点区域加速发展,促进形成畅通区域经济循环和国内经济大循环的统一大市场,为人民群众提供更多的就业创业机会、创造更高质量的就业创业平台,使五湖四海的人们都能向往并汇聚到这座城市,在成就个人梦想的同时参与共建美好城市,把人民城市打造成人人都能实现梦想的舞台。

第三,规划、建设、管理三大环节有序衔接,着力打造宜乐城市。全面打造宜乐城市,坚持以人民为中心的发展思想,"为人民群众提供精细的城市管理和良好的公共服务,是城市工作的重头,不能见物不见人。"① 人民城市建设在城市规划、建设、管理的过程中始终秉持让群众生活更舒适安全的理念,在制定人民城市发展规划时必须综合考虑城市的资源条件、发展定位、人口规模、历史文化等多种因素,为人民群众创造多元包容、富有亲和力的城市公共空间。注重推进韧性城市建设,把城市安全和人民安全放在第一位,将安全意识贯穿于城市风险排查、隐患整改、突发事件处置三大环节之中,不断提升城市整体应对突发危机的能力,为城市有序运行和市民生活安全提供保障。优先考虑城市公园、绿地、休闲广场等公共空间用地需求,促进城市整体布局"集约紧凑、功能复合、低碳高效",推进城市规划现代化、城市交通便捷化、城市服务精准化,加大会议展览、休闲娱乐等设施建设力度,为市民创建良好的生活和休闲环境。

---

① 《十八大以来重要文献选编》下册,中央文献出版社 2018 年版,第 83 页。

　　第四，城市有机更新和历史风貌保护有机结合，着力发展宜游城市。人民城市建设以"建设富有文化底蕴的世界级旅游目的地、国际旅游重要门户、国内旅游集散枢纽、具有全球竞争力的邮轮母港"① 为主要目标，将上海打造成既反映时代特征、体现上海特色并且符合人民期待的世界著名旅游城市，全面提升人民城市国际影响力、吸引力。

　　其一，建设体现时代特征的旅游城市。以加快建设国际消费城市为导向，积极吸收借鉴世界各国城市建设规划经验和建筑设计理念，不断提升新建筑规划设计水平，以主客共享为努力方向，持续整合上海旅游文化资源，不断优化上海的旅游新空间，创建更多体现时代特色的建筑项目和市民游客共享的现代化公共空间。

　　其二，建设具有上海特色的旅游城市。以历史风貌保护为核心内容，处理好历史文化建筑、人民现实生活、城市生态环境保护和城市建设发展的关系，加强对革命遗址遗迹、历史文化街区、历史建筑、工业遗产、特色的古镇名村及非物质文化遗产等的保护，推进探索顺应城市内在肌理、符合城市发展规律的城市更新和历史风貌保护的路径，塑造具有上海特色的城市风貌形象。

　　其三，建设服务人民群众的旅游城市。推动商旅文体深度融合，推动城市美食、文化、休闲、购物、节展赛事、娱乐表演、标志性景点建筑物等不同元素相互融合，充分挖掘上海城市旅游资源，打造红色文化、海派文化、江南文化旅游集群，发挥旅游带动经济的作用，使市民游客共享发展宜游城市的红利，建设满足人民物质文化需要和

———————

　　① 《加快建设社会主义国际文化大都市》，《解放日报》2021 年 9 月 3 日。

精神文化需求的宜游城市。

3. "人民满意"是人民城市建设的价值标准

围绕人民城市的生动实践，专家学者从不同层面对人民城市建设标准进行了凝练和探讨。从价值基准的维度，唐双捷提出，在城市建设与治理领域中，正确的价值基准与目标导向的集中表现便是"人民满意"标准，即在建设人民城市过程中始终要以"实现人民满意"为行动导向。① 从城市的根本属性出发，彭勃认为"人本价值"是人民城市发展的核心取向，也是检验城市各项工作成效的根本标准。② 陈忠认为，城市空间、城市生态的营建水平是衡量城市人民性水准的基础指标，提出是否能统筹考虑、均衡配置城市成就与城市风险和人民能否相对均等地享有学习、就业、创业、医疗等机会是衡量人民城市建设水平的两个重要指标，并将人民可否规范、有序、全过程地参与城市的规划、发展、治理作为衡量人民城市建设水平高低的一个关键指标。③ 针对五大新城数字生态文化建设，全国政协委员、上海市人民政府参事胡卫提出，要始终坚持"人民城市人民建，人民城市为人民"的理念，把人的感受度作为最根本的衡量标尺，从解决群众的急难愁盼问题出发，以公共服务为落脚点，全方位营造舒适便捷生活、极致服务和品质体验。④ 徐锦江从城市理论发展的角度出发，

---

① 《人民城市重要理念回答了哪五个重要问题？》，上观新闻，2020 年 9 月 8 日。

② 彭勃：《"人民城市"重要理念引领中国特色城市发展道路》，《文汇报》2020 年 11 月 11 日。

③ 《衡量一个城市人民性建设水平，有哪些指标？》，上观新闻，2020 年 12 月 20 日。

④ 《全国政协委员胡卫：上海五个新城建设应关注"三对关系"》，《潇湘晨报》2021 年 12 月 23 日。

提出以提升幸福感、获得感、安全感为人民城市建设的衡量标准。①
朱亮高认为，"全球影响力、现代化、国际大都市，只是对城市发展
水平的衡量和标识，唯有'社会主义'这四个字，才是对上海乃至
中国城市根本属性之规定。"② 郑崇选从建设国际文化大都市的目标
出发，提出"文化能否真正融入普通市民的日常生活之中，是衡量
上海国际文化大都市建设成功与否的主要标志，也是文化发挥其社会
功能的最终目标。"③

　　专家学者们从不同角度出发，对人民城市建设的评价标准作了诸
多有益的探讨，为深入把握人民城市建设和构建人民城市的评价指标
提供了思想资源。人民城市是新时代中国特色社会主义的新命题，人
民城市建设是中国共产党带领全体人民在新的历史条件下推进中国特
色城市道路的探索实践。因此，构建人民城市建设的评价指标体系具
有重要理论意义和实践价值。从理论维度来看，人民城市评价指标的
构建能够为"人民城市"的理论研究注入新元素；从实践层面来看，
人民城市评价指标的构建不仅能够为我国在新发展阶段下推进人民城
市建设提供重要理论指导，还能为我国在国际上争取城市建设发展的
话语权提供理论支持。

　　习近平总书记指出："城市发展不能只考虑规模经济效益，必须
把生态和安全放在更加突出的位置，统筹城市布局的经济需要、生活

---

　　① 徐锦江：《全球背景下的"人民城市"发展理念与上海实践》，《上海文化》2021
年第12期。
　　② 朱亮高：《上海要建成一座怎样的"人民城市"？》，《新民晚报》2021年3
月30日。
　　③ 郑崇选：《建设人民城市　开创国际文化大都市发展新格局》，《光明日报》2021
年1月7日。

需要、生态需要、安全需要。"① 结合习近平总书记关于城市建设的系列重要讲话精神，构建人民城市评价的基本方法。人民城市的评价构建应坚持"以人民为中心"的发展思想，将新发展理念融入人民城市评价指标的构建之中；人民城市评价指标的构建应注重分层分类，形成一个相互联系、逻辑严密的有机体系；为了客观反映人民城市建设整体和各方面的实际水平，人民城市评价指标的构建应坚持逻辑与历史相统一的方法；评价指标应该既能见"物"，也能见"人"，应坚持定性分析与定量分析相结合的方法。

　　"城市的核心是人，关键是十二个字：衣食住行、生老病死、安居乐业"②。人民是城市建设和发展的阅卷人。将"人民满意"作为衡量和评价城市建设的价值标准，推动实现"学有所教，劳有所得，病有所医，老有所养，住有所居"，不断提高人民群众在城市建设中的获得感，以人民城市建设发展的实际成果提升人民群众的幸福感和安全感，建设让人民满意的人民城市。以"人民满意程度"衡量人民城市建设，要求把握"人民满意"的价值标准，要求评价指标要"见人"，即从人民群众的获得感、幸福感、安全感出发评价城市建设，将人民对"宜业、宜居、宜乐、宜游"城市建设的满意度、对"五个人人"价值导向实现程度的满意度等作为人民获得感、幸福感、安全感的具体参照。习近平总书记强调："城市工作做得好不好，老百姓满意不满意，生活方便不方便，城市管理和服务状况是重

---

　　① 习近平：《论把握新发展阶段、贯彻新发展理念、构建新发展格局》，中央文献出版社 2021 年版，第 346 页。
　　② 《十八大以来重要文献选编》下册，中央文献出版社 2018 年版，第 83 页。

要评判标准。"①

从政府层面来看，人民城市建设要以建设服务型政府为重点，贯彻落实新发展理念，将法治政府、创新政府、廉洁政府、平台型政府贯穿于服务型政府的建设之中，坚持"人民政府为人民"。目前，上海推动"一网通办"和"一网统管"融合发展，将定位服务、线上支付、区块链和人工智能等现代科技运用于城市工作之中，极大提升了各级政府政务服务的效率和人民群众的满意度。因此，要进一步加强政府自身建设，着力推动政府数字化转型，提高政务服务能力水平，为人民群众提供更为智能化、人性化、科学化、精准化的服务。

从社会层面来看，人民城市建设要以智慧社会的建设为重点，全面推动经济社会数字化发展。党的十九大报告首次提出了智慧社会的概念，伴随着移动互联网时代的到来，数字化发展与城市建设更加紧密地联系在一起，智慧社会与城市建设的深度融合能够为数字城市建设注入强大动力，从而推动数字中国的建设和发展。从城市建设发展层面来看，智慧社会建设涉及城市建设发展的方方面面，如城市建筑、政府政务、公共交通、社会资源、医疗卫生、文化教育、自然资源、城市生态、城市安全等，要能够推动人民城市全面发展以更好地服务人民。

从人民群众层面来看，人民城市建设要以实现"人的自由而全面的发展"为目标，是人民群众在城市建设的实践中实现自我、发展自我，以辛勤劳动逐步实现过上美好生活的新期待。正如有学者提出的：未来的理想城市，应该是生产、生活、生态和生命关怀的有机

---

① 《十八大以来重要文献选编》下册，中央文献出版社 2018 年版，第 83 页。

统一，其最后的旨归应该是实现人类社会的最高理想，即人的自由全面发展。① 城市高质量发展是建立在满足人民日益增长的物质需求和精神需要的基础上的发展，城市高质量发展最终是为了人民，要在推动城市高质量发展的过程中促进人的全面发展。

4. "人民幸福"是人民城市建设的价值归宿

习近平总书记指出，让人民生活幸福是"国之大者"。以人民为中心的发展思想不是止步于思想环节的抽象概念，不是停留于口头上的空洞口号，要有深刻的理性认识和具体的实践行动。推进人民城市建设，就要坚持以人民为中心的发展思想，以顺应民心、保障民生、健全民主为基本要求，紧紧围绕人民群众需要、贴近人民群众生活、满足人民群众需要，实现人民群众幸福生活的美好愿景。

第一，扎实推进共同富裕。共同富裕不仅仅是一个经济问题，更是与我们党密切相关的政治问题。共同富裕是人民心之所向，扎实推进共同富裕，把人民群众对美好生活的向往变成实实在在的现实景象，就是最大的顺应民心。习近平总书记指出："我们要坚持在发展中保障和改善民生，解决好人民最关心最直接最现实的利益问题，更好满足人民对美好生活的向往，推动人的全面发展、社会全面进步，努力促进全体人民共同富裕取得更为明显的实质性进展。"② 推进共同富裕要求发挥人民主体力量、全面推进乡村振兴、坚持党的全面领导。

---

① 徐锦江：《全球背景下的"人民城市"发展理念与上海实践》，《上海文化》2021年第12期。

② 习近平：《论把握新发展阶段、贯彻新发展理念、构建新发展格局》，中央文献出版社2021年版，第4页。

其一，发挥人民主体力量。人民共享发展成果是共同富裕的重要体现，人民共建是人民共享的基本前提。全体人民共同富裕不是一蹴而就的，要充分发挥人民群众在经济社会建设和城市发展中的主体作用，彰显人民主体地位，大力弘扬劳动精神，树立起人人辛勤劳动、人人努力奋斗的社会新风尚。

其二，全面推进乡村振兴。乡村振兴是实现社会主义现代化和促进全体人民共同富裕的内在要求。当前，城乡发展差距和收入分配差距是阻碍全体人民共同富裕的最大因素，全面推进乡村振兴战略是促进实现共同富裕的重大举措。结合"建设具有世界影响力的社会主义现代化国际大都市"的实际，重视并加强农村的公共服务供给，持续推动农村人居环境改善，由点及面全面推动乡村振兴迈出坚实步伐。

其三，坚持党的全面领导。坚持党对城市工作的全面领导是实现共同富裕的根本保证。实践表明，中国共产党领导全体人民经过长期艰苦奋斗，不仅极大提高了人民生活质量，也使社会共享水平有了进一步的发展。实现共同富裕是社会主义的根本原则，在新的历史条件下促进全体人民共同富裕，必须坚持和加强党的全面领导。

第二，切实增强民生福祉。民生是人民幸福之基、社会和谐之本。民生问题不仅是社会问题、经济问题，更是政治问题。民生问题的解决，既要尽力而为，又要量力而行。满足人民群众对美好生活的向往，必须坚持以人民为中心的发展思想，不断聚焦民生热点、纾解民生痛点，扎实办好民生实事，提升人民群众生活幸福指数。坚持在发展中保障和改善民生。坚持底线思维，解决好粮食安全、教育就业、医药卫生、养老服务等基本问题，解决好人民群众关心的就业、教育、医疗、养老等突出问题，逐步突破"老、小、就、远"等问题，推进"早餐工程""米袋子""菜篮子"等工程。

发展是解决一切问题的关键，要以人民最直接最现实的利益问题为关键，推动创造人民满意的生活环境，建设人民满意的城市交通，推动实现更高质量的就业，推进城乡社会保障体系建设，不断提高人民幸福感和满意度。加快推进教育现代化，办好人民满意的教育。教育是民生之基，要优先发展教育事业，推进建设高质量的现代化教育体系和终身学习体系，让城市所有居民都能成为高质量教育的受益者，为建设学习型社会提供有力支持。

第三，落实全过程人民民主。民主是全人类共同价值的重要内涵之一。人民城市建设要把全过程人民民主和实质性民主贯穿到城市生活的方方面面，着力探索把人民民主的制度优势转化为治理效能的有效途径，打造治理体系和治理能力现代化的城市样本，开辟人民幸福生活的新境界。推进全过程人民民主深入发展。坚持以人民为中心，彰显人民群众的城市主人翁地位，不断创新社会治理模式，深化有事好商量、众人的事情由众人商量的制度化实践，使广大人民群众能够切实、完整、全面参与到城市的治理中来，扩大人民群众民主生活新体验。

坚持和加强党的全面领导。全心全意为人民服务是我们党的根本宗旨，坚持从群众来到群众中去是我们党的根本工作路线，人民立场是我们党的根本政治立场。我们党一切方针政策的制定都坚持发扬民主，紧紧围绕人民，充分吸收人民意见，党的领导是我国的人民民主制度得以贯彻落实的重要政治保证。在新的历史条件下，党的全面领导为拓宽协商渠道、丰富民主形式、健全民主制度提供了有力保证。

第 三 章

新发展理念引领人民城市建设的核心要义

理念是行动的先导，新的发展任务需要用新思想进行理论武装和指导。列宁指出："没有革命的理论，就不会有革命的运动。"① 革命的理论作为批判的武器不能够代替武器的批判而直接作用于客观现实，只有将科学理论与具体实践相结合，才会产生改变世界的强大物质力量。毛泽东高度重视马克思主义理论的学习和运用，并将"学会把马克思列宁主义的理论应用于中国的具体的环境"② 视为中国共产党的重要任务之一。习近平总书记指出，"发展理念是战略性、纲领性、引领性的东西，是发展思路、发展方向、发展着力点的集中体现"。③ 新发展理念提出以来，习近平总书记多次论述新发展理念，尤其关注全党全国对新发展理念的学习研究和贯彻落实情况，"无论是中央层面还是部门层面，无论是省级层面还是省以下各级层面，在贯彻落实中都要完整把握、准确理解、全面落实，把新发展理念贯彻到经济社会发展全过程和各领域。"④

---

① 《列宁选集》第 1 卷，人民出版社 2012 年版，第 153 页。
② 《毛泽东选集》第 2 卷，人民出版社 1991 年版，第 534 页。
③ 《十八大以来重要文献选编》中册，中央文献出版社 2016 年版，第 825 页。
④ 习近平：《论把握新发展阶段、贯彻新发展理念、构建新发展格局》，中央文献出版社 2021 年版，第 500—501 页。

城市是人们生产生活的重要载体，是经济社会发展的重要引擎，也是贯彻国家发展思想的战略平台，在现代化建设进程中占据着重要地位。新发展理念引领人民城市建设集中体现在政治引领和价值引领两方面，不仅从根本上凸显了人民城市的社会主义性质，也明确了城市发展的根本价值立场，对于彰显中国特色社会主义制度的优越性具有重要意义。2021 年 1 月，习近平总书记在省部级主要领导干部学习贯彻党的十九届五中全会精神专题研讨班上的讲话中明确提出"从根本宗旨把握新发展理念"的实践要求，指出："人民是我们党执政的最深厚基础和最大底气。为人民谋幸福、为民族谋复兴，这既是我们党领导现代化建设的出发点和落脚点，也是新发展理念的'根'和'魂'。"① 新发展理念"以人民为中心"的根本要求，契合人民城市建设"人民至上"的价值要求。"人民至上"是人民城市建设的根本价值遵循，从价值原则高度规定了社会主义国家城市的本质属性在于人民性。站在新发展阶段的起点上，新发展理念作为全面建设社会主义现代化国家的指导原则，内在规定了引领人民城市建设的必然逻辑。

一、以创新为发展动力开创人民城市的崭新局面

创新是引领发展的第一动力，新发展理念中的创新发展注重的是解决发展动力问题。理论创新指引实践发展，发展实践推进理论创

---

① 习近平：《论把握新发展阶段、贯彻新发展理念、构建新发展格局》，中央文献出版社 2021 年版，第 479 页。

新。党的十八大以来，"创新"成为中国发展规划中的高频词汇，被摆在新发展理念首位和国家发展全局的核心位置，中国特色社会主义的创新性实践不断走深走实，中国特色社会主义呈现出崭新样态。党的二十大报告强调，坚持创新在我国现代化建设全局中的核心地位。站在新的历史起点上，我们必须坚持把创新贯穿于社会主义现代化建设的各方面和各环节。

就城市的现代化建设而言，创新是人民城市高质量发展的必然要求，是落实中央赋予上海加快建设具有全球影响力的科技创新中心这一重大战略任务的现实诉求。人民城市建设着力实施创新驱动发展战略，把创新贯穿于城市工作的方方面面，不断推进理论、制度、文化和科技创新，从而激发和释放城市各项工作的创造活力，以创新驱动引领人民城市高质量发展。人民城市建设通过提高城市的自主创新能力，以科技创新发挥引领示范和带动支撑作用，注重将科技创新成果融入城市建设的生产、生活、生态三大布局，全面塑造人民城市发展新优势，不断提高城市现代化发展水平，将人民城市打造成为创新之城。

（一）建设创新引领的现代化经济体系

人民城市建设要以创新引领城市的现代化经济体系的构建，筑牢人民城市的物质基础。"创新是引领发展的第一动力，是建设现代化经济体系的战略支撑。"①《中共中央关于制定国民经济和社会发展第

---

① 习近平：《论把握新发展阶段、贯彻新发展理念、构建新发展格局》，中央文献出版社 2021 年版，第 194 页。

十四个五年规划和二〇三五年远景目标的建议》明确强调，要"坚持创新在我国现代化建设全局中的核心地位"，在质量效益明显提升的基础上实现经济持续健康发展，推动现代化经济体系建设取得重大进展。建设现代化经济体系是我国发展的战略目标，也是人民城市高质量发展的重要推动力。人民城市建设要结合各地区优势和资源，坚持创新驱动发展战略，以"强化科技创新策源功能，提升城市核心竞争力"① 为主线，加快推进上海具有全球影响力的科技创新中心建设，构建以科技创新为支撑的现代化经济体系，全面建设体现上海特色的现代化经济体系。

提升科学技术研究水平，提高人民城市现代化经济体系的国际竞争力。科学技术研究和产业发展是相互推动、相互促进的。产业发展过程中产生的问题蕴含着科学技术研究的前沿课题，科学技术研究成果通过产业化又进一步推动经济的发展和社会的进步。人民城市的创新引领注重统筹基础研究和应用研究的重点领域布局，将城市的科研发展融入国家重大战略研究部署中去，以国家发展目标和战略需求为牵引，加强对关系发展全局的重点科学问题进行研究和部署。通过优化创新资源配置和集中优势力量培育前沿引领技术、关键共性技术、现代工程技术的研究能力，提升科学研究能力和攻关关键核心技术；通过聚焦人工智能、生物医药和集成电路三大重点核心领域形成一批原创性成果，打通科学技术研究和产业化的双向链接。以自身前沿优势成为国际竞争中的领跑者，加快向全球产业链、创新链和价值链高端攀升。

---

① 沈湫莎：《上海科创中心建设向功能全面升级迈进》，《文汇报》2021 年 9 月30 日。

构建战略科技力量体系，强化人民城市现代化经济体系建设的战略支撑。上海围绕国家战略部署需求强化科技创新策源功能，加快打造一批高水平的基础研究力量，推动形成若干在基础研究领域发挥核心功能的国际科技创新中心，打响 G60 科创走廊品牌；加快组建国家实验室推进国家战略科技力量建设，不断提升张江综合性国家科学中心集中度，发挥张江综合性国家科学中心的辐射引领作用；集聚高校、科研院所和企业参与、布局和实施基础前沿重要战略项目。当前上海建成和在建的国家重大科技基础设施 14 个，初步形成全球规模最大、种类最全、综合能力最强的光子重大科技基础设施群。新建和集聚了李政道研究所、上海脑科学与类脑研究中心、上海清华国际创新中心等一批代表世界科技前沿发展方向的高水平研究机构。[1] 同时创新和优化科技基础设施、研究院所和研究基地平台的布局和管理，促进和发挥多元创新主体的协同效应和合力作用，提升人民城市创新体系的整体效能。

激发市场主体创新创造活力，增强人民城市现代化经济体系建设的动力。根据国家发展改革委会同上海市印发的《上海市建设具有全球影响力的科技创新中心"十四五"规划》，上海预计"到 2025年，全市高新技术企业数量突破 2.6 万家，战略性新兴产业增加值占 GDP 比重达到 20% 左右，技术合同成交额占 GDP 比重达到 6% 左右"。[2] 为此，人民城市建设要注重持续发挥科技的支撑引领作用以

---

① 《上海市建设具有全球影响力的科技创新中心"十四五"规划》，上海市人民政府网，2021 年 9 月 29 日。

② 《上海市建设具有全球影响力的科技创新中心"十四五"规划》，上海市人民政府网，2021 年 9 月 29 日。

巩固实体经济根基，激发现代化经济体系建设的内在动力。一是强化企业创新主体地位，增强企业的自主创新能力，推动全产业链优化升级，提升产业链和供应链的科技含量水平；二是加强新兴产业的研发和投入，加大集成电路、人工智能、生物医药等高创新含量的战略新兴产业的研发和投入力度，大力培育新技术和新产品；三是加快构建一批具有高附加值的现代化产业，培育一批具有国际竞争力的创新型企业，推动人民城市经济体系呈现新业态和新模式。

（二）确立人才引领发展的战略地位

人民城市建设要确立人才引领发展的战略地位，为人民城市高质量发展提供智力支撑。人才、信息、知识、教育是创新活动中最活跃和最富有创造力的因素。2021 年 9 月，习近平总书记在中央人才工作会议上强调要深入实施新时代人才强国战略，加快建设世界重要人才中心和创新高地。"在百年奋斗历程中，我们党始终重视培养人才、团结人才、引领人才、成就人才，团结和支持各方面人才为党和人民事业建功立业。"① 人民城市建设是党和人民事业的重要组成部分，做好新时代人才工作是人民城市高质量发展的内在要求。以办好"人民满意"的教育为基本遵循，加强人民城市高水平大学建设，将学校打造成为人才培育和基础研究的主阵地，深化同企业的产学研合作，使高等教育人才成为人民城市创新发展的智力支撑。以增强人民城市的吸引力为重点，做好创新人才引进、培育、激励和评价机制，

---

① 《深入实施新时代人才强国战略　加快建设世界重要人才中心和创新高地》，《人民日报》2021 年 9 月 29 日。

建立适应人民城市高质量发展的人才制度体系，为优秀人才选择城市、扎根城市和参与人民城市建设提供物质支持和制度保障，把更多优秀人才的创造力转变为人民城市高质量发展的现实推动力。

创新研究型人才培育体系，办好人民满意的教育。优化基础研究人才的培养机制，加强研究型大学建设，深入贯彻实施国家"双一流"战略，持续培育优势特色学科，坚持建设高水平地方高校，加快推进世界一流大学和世界一流学科建设。吸引和促进国际知名大学同国内大学协作办校，以项目为纽带进行合作研究。强化面向未来的高尖端人才的发掘和培养，构建大中小学一体化的创新研究型人才培养体系。鼓励高校之间对口帮扶、资源共享和学术共同体建设，优化不同专业方向的课程设置，增加交叉学科的课程安排，培养多学科交叉的多功能综合型创新人才；在中小学开设科学教育课程，开展实施青少年科学教育活动，及时发现和培养青少年创新研究后备人才；在社会中大力发展科技文化事业，推进高质量科学普及，在潜移默化中提高公民的科学素质和能力。

完善海内外人才引进政策，增强人民城市吸引力。城市应根据自身发展需要认真贯彻落实人才引进战略，实施更加开放的人才引进政策，开展人才发展体制机制综合改革试点，面向国内和海外积极引进和培育一批具有国际视野和世界影响的高层次人才、领军人才和科研团队，特别要注重青年才俊的培养和提拔，建设具有国际竞争力的科技创新人才高地。上海立足于党中央对上海战略定位，面向于服务国家发展战略需求与塑造上海竞争新优势，持续推进高峰人才引育工作，构建人才引育新生态，激发上海人才发展新优势，建立健全"海聚英才"人才计划体系，形成分类科学、层级清晰、有机衔接的科技人才培养支持机制，促进人才、项目、基地一体化发展，努力造就适应新时代发展需求的高水平科技人才队伍。[①]

加强和改进知识分子工作，为各类人才提供服务保障。人民城市建设需要全方位创造舒适的工作生活环境，全周期培育优良的创新创业生态，促使更多高层次人才在人民城市建设中感受到归属感。人民城市建设充分彰显人民性的根本属性，深入贯彻落实以人为本的发展理念，完善人才政策的配套衔接机制、法律和设施，提供综合保障和公共服务，为人才创业创新提供支撑，提升各类人才的生活品质。上海着力发挥张江科学城、张江国家自主创新示范区、临港新片区、长三角生态绿色一体化发展示范区、虹桥商务区等重点区域的人才承载功能，打造一批科技创新人才交流品牌，推进建立常态化人才交流渠道，同时实施人才安居工程，完善人才安居政策体系，提升优质教育和医疗资源服务各类人才的水平。

（三）统筹推进城市全面数字化转型

人民城市建设要统筹推进城市全面数字化转型发展，激发人民城市建设的内生动力。当今世界科学技术发展日新月异，以数字时代为主要特征的第四次工业革命浪潮席卷全球，数字技术成为第四次工业革命的创新引擎，持续引领世界发展格局的新变革。以习近平同志为核心的党中央顺应第四次工业革命浪潮，在"十四五"规划中明确提出加快数字化发展，建设数字中国的重大战略任务。2020 年上海

---

① 《上海市建设具有全球影响力的科技创新中心"十四五"规划》，上海市人民政府网，2021 年 9 月 29 日。

公布的《关于全面推进上海城市数字化转型的意见》中对城市数字化转型作出顶层设计，明确"建设具有世界影响力的国际数字之都"的重要目标。2021 年，习近平总书记向世界互联网大会乌镇峰会致贺信指出："数字技术正以新理念、新业态、新模式全面融入人类经济、政治、文化、社会、生态文明建设各领域和全过程，给人类生产生活带来广泛而深刻的影响。"[①] 从社会层面来看，智慧社会的建设是人民城市建设的重要内容，随着数字化战略持续升级，城市全面数字化转型成为"十四五"时期全面推进人民城市智慧社会建设的关键抓手和必然选择。

以数字技术赋能经济创新发展，增强人民城市数字化转型的物质动力。近年来随着以移动互联网、大数据、云计算、人工智能为代表的数字技术的快速发展并源源不断地投入商业化应用，数字技术对国民经济各个行业的赋能作用进一步凸显和增强，数字经济成为国家创新发展最具活力的经济产业领域。得益于城市丰富数字资源集聚效应，人民城市建设打造数字经济新优势的主场地，聚焦产业数字化和数字产业化两大数字产业集群的核心内容，不断扩大数字经济的规模和效益，进一步助力城市经济高质量发展。上海推进城市数字化转型的一个关键领域是数字经济，尤其在新冠肺炎疫情对经济发展造成严重冲击的情况下，上海率先提出 12 大领域的在线新经济的发展模式。人民城市建设注重创新数字经济新产业、新业态和新模式，推动重点领域数字产业发展，提升基础软件、工业软件、安全软件等供给能力，建设一批大数据、区块链等开放服务平台，加快培育一批在线新

---

① 《习近平向 2021 年世界互联网大会乌镇峰会致贺信》，《人民日报》2021 年 9 月 27 日。

经济龙头企业，建设虹桥在线新经济生态园。

以数字生活新服务创新城市样态，呈现人民城市高品质生活的新图景。生活数字化转型是践行"人民城市人民建，人民城市为人民"理念的重要抓手，是创造高品质生活的数字化方案，是实现人民美好生活愿望的创新实践途径。人民城市建设以创新思维理念增强城市生活的数字化体验，为人民群众日常生活提供便利化服务，不断拓展"人民美好生活"的数字内涵，有力彰显了新时代人民城市的数字样态。《推进上海生活数字化转型　构建高品质数字生活行动方案（2021—2023 年）》明确提到"到 2023 年，市民数字素养和能力显著增强，数字生活服务感受度不断提升，重点行业通过数字化实现业务流程重塑效应逐步凸显，建成至少 50 个生活数字化转型标杆场景，推动上海建设成为全球数字生活的新兴技术试验场、模式创新先行区、智能体验未来城，'数智感'生活成为上海创造高品质生活的重要标志和主要支撑。"①

以数字化转型助推城市治理创新，强化人民城市数字化转型的基层保障。治理数字化转型是提升城市治理现代化水平的必然选择，提升城市现代化治理效能能够为经济数字化转型和生活数字化进一步转型提供可靠的数据治理和安全保障网络。上海着力织密织牢政务服务"一网通办"和城市运行"一网通管"两个网络，打造城市全面数字化转型的模范标杆，为人民城市建设提供了科学化、精细化、智能化的超大型城市数字化治理新范式。2021 年"一网通办"，接入服务事项 3458 项，高频事项基本实现一件事一次办，实名用户数超 6195

---

① 《上海市经济和信息化委员会在线数据库》，2021 年 7 月 10 日。

万，日均办件量超 28 万，"一网统管"架构进一步得以完善，城市运行数字体征系统建成投用，市城运平台汇集应用 1150 个。[①]

二、以协调为关键抓手优化人民城市的整体布局

协调是持续健康发展的内在要求，新发展理念的协调发展注重的是解决发展不平衡问题。党的十八届五中全会指出："要在坚持以经济建设为中心的同时，全面推进经济建设、政治建设、文化建设、社会建设、生态文明建设，促进现代化建设各个环节、各个方面协调发展"[②]。协调发展是新发展理念的内生特点，也是人民城市建设的重要任务，关系到我国经济社会发展全局的深刻变革。人民城市建设要统筹兼顾、综合平衡，正确处理多方面的重大关系，着力增强城市发展的整体性和协调性，促进区域、领域、文明平衡发展。

（一）协调发展要求人民城市建设要着眼区域共同发展大格局

城市是一个整体的系统性结构，推动人民城市协调发展要着眼于战略定位。持续优化宜业宜居的城市格局，统筹市区和郊区城市功能区的合理分布，加快上海自贸试验区、临港新片区、长三角生态绿色

[①]　龚正：《政府工作报告——2022 年 1 月 20 日在上海市第十五届人民代表大会第六次会议上》，《解放日报》2022 年 1 月 25 日。

[②]　《十八大以来重要文献选编》中册，中央文献出版社 2016 年版，第 831 页。

一体化发展示范区、虹桥商务区科技城、张江科学城等重点区域发展，把人民城市建设成为人与人、人与自然和谐共处的美好家园。构建城乡区域协同发展新格局，全面实施乡村振兴战略，以城乡产业协同发展为基础，推动城乡一体发展，不断激发和释放乡村在城市高质量发展中的潜力和后劲，为人民城市高质量发展注入强劲动能。聚焦打造世界级城市群，着力发挥中心城市的带动作用，增强城市群的协同发展效应，提升城市群的指标规模和发展质量。

持续优化宜业宜居的城市格局。人民城市建设注重统筹规划、建设、管理三大环节，在规划城市功能区布局的过程中，树立"紧凑城市"理念，着眼城市发展整体效应调整不同功能区的分布，强化布局交融、资源整合，打造集约紧凑、功能复合和低碳高效的城市空间格局。上海在"十四五"规划中强调围绕增强城市核心功能，强化空间载体保障，促进人口、土地等资源要素优化布局，科学配置交通和公共服务设施，加快形成"中心辐射、两翼齐飞、新城发力、南北转型"的空间新格局，促进市域发展格局重塑、整体优化。① 塑造上海城市空间新布局既要推动主城区综合功能升级又要将五大新城打造成为独立综合性节点城市，既要加快东部开放创新功能板块和西部绿色开放板块建设又要加快南北转型提升沿江沿湾发展动能。

构建城乡区域协同发展新格局。农业农村的改革发展一直是国家发展规划战略的重中之重，全面建设社会主义现代化强国，"最广泛最深厚的基础在农村，最大的潜力和后劲也在农村"②。城乡发展差

---

① 《上海市国民经济和社会发展第十四个五年规划和二〇三五年远景目标纲要》，《解放日报》2021 年 1 月 30 日。

② 《习近平关于三农工作论述摘编》，中央文献出版社 2019 年版，第 11 页。

距不仅是我国不平衡不充分发展的社会主要矛盾的集中体现，还是建设社会主义现代化强国的突出短板，不断缩小城乡差距全面推进乡村振兴，既是全面建设社会主义现代化强国的必然要求，也是新时代人民城市建设的应有之义。上海在推进农业农村现代化的进程中，明确超大城市乡村的发展定位，全面实施乡村振兴战略，将乡村发展的规划纳入城市建设的进度中去，建立健全城乡融合发展机制，加快城乡资源双向流动，推进农业农村高质量发展水平，不断缩小城乡发展差距，把乡村建设成为农业高质高效、乡村宜居宜业、农民富裕富足的美丽乡村，集中打造城乡协调发展的战略空间和核心功能承载地。

推动打造世界级城市群新格局。当今世界的地域竞争主要体现为核心城市引领的城市群之间的竞争，推动区域协同发展，着力打造大型世界级城市群对于赢得国际竞争起着重要作用。打造世界级的城市群是我国深入推进双循环战略布局、促进区域协同发展的关键举措。2018 年 11 月 18 日，中共中央国务院发布的《关于建立更加有效的区域协调发展新机制的意见》提出，未来将以京津冀城市群、长三角城市群、粤港澳大湾区、成渝城市群、长江中游城市群、中原城市群、关中平原城市群等城市群推动国家重大区域战略融合发展，建立以中心城市引领城市群发展、城市群带动区域发展新模式，推动区域板块之间融合互动发展。长三角城市群是全球公认的六个大型世界级城市群之一。上海作为中心城市应该进一步发挥龙头带动作用，紧扣"一体化"和"高质量"两个关键，以建设长三角生态绿色一体化发展示范区为先手棋和突破口，推动上海大都市圈协同发展，探索构建新发展格局的有效路径，推进长三角城市群一体化、高质量发展，充分展现上海人民城市建设"服务全国、面向世界"的自觉担当。

（二）协调发展要求人民城市建设要着力推动各领域整体贯通

人民城市是经济、政治、文化、社会和生态文明建设同步发展的现代化城市。改革开放四十多年来生产力的快速发展，扭转了落后的社会生产不能满足人们的物质文化需要的局面，社会主要矛盾发生了重大转变。人民城市建设坚持目标导向和问题导向相统一，着力解决人民城市建设中发展不平衡不充分问题，打破制约人民城市建设的发展瓶颈，促进经济、政治、文化、社会、生态多领域共同发展，实现人民城市各方面全领域协调发展，不断满足人民群众对美好生活的新期待和新要求。

人民城市建设要加强顶层设计和整体谋划。党的十九届五中全会提出，"十四五"时期我国经济社会发展必须遵循"坚持系统观念"的原则。"系统观念是具有基础性的思想和工作方法"①。人民城市建设是一项复杂的系统工程，融合了经济领域、政治领域、文化领域、社会领域、生态领域等多领域建设，上海人民城市建设实现高质量发展必须坚持系统观念。坚持系统观念，就要把握城市发展的方向和规律，着眼长远进行前瞻性思考，统筹谋划改革发展全局。人民城市建设要注重整体性和系统性，人民城市建设的重要领域与"五位一体"总体布局相贯通，注重在经济、政治、社会、文化、生态等领域的整体建设和系统推进。人民城市的顶层设计和整体谋划要求要树立人民

---

① 《习近平谈治国理政》第四卷，外文出版社 2022 年版，第 117 页。

城市建设的大局观，打破各个领域的"个体作战"，将人民城市的重要领域和关键环节统筹设计，真正把人民城市建设作为一个有机生命体进行整体规划，达到政策措施相互协调、相互促进，城市功能布局便民、利民。

　　人民城市建设要统筹城市发展和安全。"安全和发展是一体之两翼、驱动之双轮"。① 习近平总书记在深圳经济特区建立 40 周年庆祝大会上强调："越是开放越要重视安全，统筹好发展和安全两件大事。"② 党的十九届五中全会对"统筹发展和安全，建设更高水平的平安中国"作出战略部署。安全是人民生存、发展的最基本要求，人民城市建设牢固树立安全意识，统筹好发展和安全的关系，坚持稳中求进的总基调，全面推进城市安全精细化管理，坚决兜牢城市建设安全底线，提升防范化解重大安全风险的能力，建设高水平的安全城市，不断开创人民城市建设新局面。作为对外开放前沿的超大城市，大规模的经济体量和人口流量给上海城市安全带来了挑战，上海围绕城市公共安全风险防范提出了智慧城市和安全韧性城市理念，推动健全和完善城市风险治理和安全体系，为人民享受安全的城市生活保驾护航。

（三）协调发展要求人民城市建设要兼顾物质文明和精神文明

　　实现中华民族伟大复兴既需要物质力量的积蓄也需要精神力量的

---

　　① 习近平：《在第二届世界互联网大会开幕式上的讲话》，《人民日报》2015 年 12 月 17 日。
　　② 习近平：《在深圳经济特区建立 40 周年庆祝大会上的讲话》，《人民日报》2020 年 10 月 15 日。

支撑，中国特色社会主义的现代化是物质文明和精神文明协调发展的现代化，两者不可或缺。邓小平一直强调"两手抓，两手都要硬"，"只要我们的生产力发展，保持一定的经济增长速度，坚持两手抓，社会主义精神文明建设就可以搞上去。"[①] 社会主义现代化城市不仅要有坚实的物质基础，还要有强大的文化软实力。人民城市建设要注重弘扬中华民族优秀传统文化、继承革命文化、发展社会主义先进文化的统一。

彰显当代城市精神和城市品格。城市精神和城市品格的塑造是城市文化软实力的重要组成部分，是城市气质和城市形象的外在展现。城市的文化形象体现着城市居民的价值追求和精神风貌，对城市居民的行为方式起到良好的引导和激励作用。上海市作为改革发展的前沿阵地和对外开放的桥头堡，在长期历史演进中形成了海纳百川、追求卓越、开明睿智、大气谦和的城市精神和"开放、创新、包容"的城市品格。在人民城市现代化建设中，城市以及城市的居民仍正在继续承载和守护着这一精神品格，上海在城市建设与管理方面的精细精准，在居民行为方式方面的文明有序都在进一步培育和提升着上海的城市精神与城市品格。上海在加快建设国际文化大都市的过程中注重提升城市的文化软实力，厚植城市精神品格，发扬文化优势，培育人民城市文明新风尚，彰显人民城市建设的人文情怀。

繁荣发展文化事业和文化产业。文化是一个国家、一个民族的灵魂，是人民的精神家园。在和平与发展的时代主题下，国际竞争愈加突出体现在文化和意识形态领域的斗争，作为综合国力重要组成部分

---

① 《邓小平文选》第3卷，人民出版社1993年版，第379页。

的文化软实力成为当今世界国际力量对比的关键因素。在文化强国的建设语境中，人民城市建设服务于国家发展战略，发挥文化资源集聚优势，大力繁荣和发展文化事业和文化产业。加快文化和数字技术深入结合，注重运用先进的技术盘活城市文化产业，推动文化产业实现快速发展，打造具有世界影响力的彰显中国特色的文化品牌。人民城市建设着眼于推进"上海文艺再攀高峰工程"，推出更多"上海原创"精品，持续打响"演艺大世界"品牌。健全公共文化服务供给，实施文化事业提升工程和惠民工程，优化文体设施布局，推进基本公共文化服务均等化，使人民群众普遍享有高质量的公共文化产品，不断提升文化认同和文化自信，夯实人民城市建设的思想文化基础。

　　传承和赓续城市文化基因血脉。文化是城市的基因和血脉，涵养了一座城市的独特气质。习近平总书记在全国宣传思想工作会议上强调："中华优秀传统文化是中华民族的文化根脉，其蕴含的思想观念、人文精神、道德规范，不仅是我们中国人思想和精神的内核，对解决人类问题也有重要价值。要把优秀传统文化的精神标识提炼出来、展示出来，把优秀传统文化中具有当代价值、世界意义的文化精髓提炼出来、展示出来。"[1] 上海有着丰富的文化资源和著名的历史建筑，内部蕴含着伟大的中国精神，国际文化大都市的建设要传承好红色文化、海派文化、江南文化，坚持不忘本来、吸收外来、面向未来，推动实现优秀传统文化创造性转化和创新性发展，扎实做好城市中的历史文化建筑、革命文化遗迹和非物质文化遗产的保护工作，以

---

　　[1]　《习近平谈治国理政》第三卷，外文出版社 2020 年版，第 314 页。

敬畏之心保护传承"最上海"的城市历史文脉，留住城市中的文化记忆，打造独具特色的人文之城，展现新时代人民城市的文化底蕴和独特风采。

三、以绿色为鲜明底色提升人民城市的生活质量

绿色是经济社会持续健康发展的内在要求，是美好生活的鲜明标识。绿色发展注重的是解决人与自然和谐发展问题。党的十八届五中全会指出，"坚持绿色富国、绿色惠民，为人民提供更多优质生态产品，推动形成绿色发展方式和生活方式，协同推进人民富裕、国家富强、中国美丽。"[1] "生态兴则文明兴，生态衰则文明衰"[2]，建设生态文明是关系人民福祉、关乎中华民族永续发展的根本大计，是实现中华民族伟大复兴的重要内容和基本保障。党的十八大将生态文明作为新思想、新理念和新战略正式纳入国家总体布局，从顶层设计的高度做出重大战略部署，体现出党和国家建设生态文明的坚定决心。城市作为人们进行生产生活的主要实践空间，是人们实现美好生活向往的重要平台，承载着人民群众对美好生活的无限向往。新发展理念引领人民城市建设，绿色发展是关键因素。

---

[1] 《十八大以来重要文献选编》中册，中央文献出版社 2016 年版，第 804 页。
[2] 《习近平关于社会主义生态文明建设论述摘编》，中央文献出版社 2017 年版，第6 页。

（一）人民城市建设要树立人与自然和谐共生的城市发展观

党的十八大以来，党中央对生态环境的保护工作逐步进入更加自觉的阶段，明确地将生态文明建设摆在了极端重要的位置进行战略谋划，创造性提出习近平生态文明思想。习近平总书记在庆祝中国共产党成立100周年大会上强调"坚持人与自然和谐共生，协同推进人民富裕、国家强盛、中国美丽"①。自然是人类生存的基本条件，是城市建设和发展的基本前提。人民城市建设坚持以习近平生态文明思想为指导推进人民城市生态综合治理。

确立保护优先的理念。人类社会是自然界长期发展的产物，人与自然是生命共同体，良好的生态环境是人类健康生存与永续发展的基本前提。人类社会发展史与生态环境兴衰史密切相关，自18世纪开启的产业革命，造成了自然资源过度消耗和生态环境大规模破坏，严重阻碍了人类社会的可持续发展和现代化建设进程。党的十八大以来，以习近平同志为核心的党中央将生态环境保护提到国家战略层面作出统筹规划。习近平总书记提出："坚持人与自然和谐共生"，"坚持节约优先、保护优先、自然恢复为主的方针"，"像保护眼睛一样保护生态环境，像对待生命一样对待生态环境"，"让自然生态美景永驻人间，还自然以宁静、和谐、美丽。"② 生态环境没有替代品，用之不觉，失之难存。人民城市建设坚持保护优先的理念，推进人与

---

① 习近平：《在庆祝中国共产党成立100周年大会上的讲话》，《求是》2021年第14期。

② 《习近平谈治国理政》第三卷，外文出版社2020年版，第360—361页。

自然和谐共生。

将"双碳"目标融入人民城市建设。"双碳"目标的具体含义是指"二氧化碳排放力争于 2030 年前达到峰值,努力争取 2060 年前实现碳中和"①。这是中国对世界作出的庄严承诺。习近平总书记强调,实现碳达峰、碳中和是一场广泛而深刻的经济社会系统性变革,要把碳达峰、碳中和纳入生态文明建设整体布局。②"双碳"目标纳入生态文明建设的整体布局,是构建人与自然和谐共生的社会主义现代化的必然选择,展现了我国参与全球环境治理的决心和担当,充分彰显了我国负责任大国形象。城市是国家形象的集中体现,是国家对外交往的重要名片。人民城市建设应根据"双碳"目标的时间表和路线图,制定绿色低碳循环发展的城市规划蓝图,大力促进经济社会发展全面绿色转型。人民城市建设注重战略思维,站在人类命运共同体的高度,制定城市碳排放达峰实施方案,统筹推进碳达峰、碳中和工作,倡导使用清洁能源与严格控制煤炭消耗量交织进行,运行好全国碳排放权交易市场,扩大低碳产品和技术的国际交流,以城市发展绿色低碳转型助力实现碳达峰、碳中和目标。

创造城市文明新形态。习近平总书记在庆祝中国共产党成立 100 周年大会上的讲话中指出,"我们坚持和发展中国特色社会主义,推动物质文明、政治文明、精神文明、社会文明、生态文明协调发展,

---

① 《习近平在第七十五届联合国大会一般性辩论上的讲话》,《人民日报》2020 年 9 月 23 日。

② 《推动平台经济规范健康持续发展 把碳达峰碳中和纳入生态文明建设整体布局》,《人民日报》2021 年 3 月 16 日。

创造了中国式现代化新道路，创造了人类文明新形态"①。人民城市
建设一方面牢固树立绿水青山就是金山银山的发展理念，统筹生态治
理和城市建设，促进人民城市的生态环境保护，为人民群众创造良好
的生活环境和生活空间，更好满足人民群众对高品质生活的新期待；
另一方面形成符合生态文明建设理念的城市发展观，将生态文明向度
贯穿于人民城市物质文明、精神文明、政治文明和社会文明建设始
终，规范和引领文明发展方向和质量，走出一条中国特色城市发展道
路，创造城市文明新形态。

（二）人民城市建设要厘清经济发展与生态环境保护的关系

经济发展与生态环境保护是相互影响、相互促进、并行不悖的两
大重要课题。习近平生态文明思想中的"绿水青山就是金山银山"
理念形象地阐明了经济发展与生态环境保护之间的辩证关系。从根本
上讲，经济发展和生态环境保护的关系是相辅相成、有机统一的，推
进生态文明建设，不仅能够提高人民群众的获得感、幸福感和安全
感，而且还有利于实现经济高质量发展的战略目标。人民城市建设发
挥优美生态环境的社会经济效益，严格限制和管理经济生产活动的资
源消耗和污染物排放，注重构建有利于保护和改善生态环境的空间格
局、产业结构、生产方式和生活方式。

生态环境支撑城市高质量发展。我国现阶段发展的主题是高质量

---

① 习近平：《在庆祝中国共产党成立 100 周年大会上的讲话》，《求是》2021 年
第 14 期。

发展。这摒弃了西方先污染后治理的现代化发展老路，走出了生态环境保护和经济全面绿色转型的高质量发展新路。高质量发展是统筹生产生活生态三大布局的有效发展，生态环境的改善是推动高质量发展的内在要求和动力因素。人民城市建设着力全面提高生态环境质量，为城市持续健康发展提供了良好的物质基础和条件。上海市杨浦滨江整体推进以综合整治两岸环境及大力改造公共空间为主要内容的黄浦江岸线转型工作，实现了城市空间由单一的生产岸线转型为融合多元城市功能的生活岸线、景观岸线、生态岸线。2019年11月习近平总书记在上海考察时，称赞杨浦滨江从昔日的"工业锈带"变成了如今的"生活秀带"，这一转变体现的是城市走内涵式、集约型、绿色化高质量发展之路的生动范式。

大力支持和推进经济绿色转型。推进经济社会发展全面绿色转型是生态环境保护和生态文明建设的发展主题，也是构建高质量现代化经济体系的必然要求。城市现代化经济发展方向在于通过生态赋能提升经济效益，完成产业转型升级，构建起绿色低碳循环发展的经济体系。发展绿色低碳循环经济要调整优化产业结构、交通结构和能源结构。持续推进产业结构优化升级，修订生产项目环境准入条件，全面落实生态环境准入清单，推动高污染高排放企业的绿色改造工作，鼓励和支持节能环保产业，不断提升经济体系的绿色化水平。持续推进交通结构优化升级，大力倡导绿色出行方式，不断完善公共交通基础设施，加快新能源汽车的推广和应用，加快建设低碳化、绿色化、高效化的多层次交通运输体系。持续推进能源结构优化升级，深入推动能源供给侧结构性改革，提高清洁能源供给能力，深化调整能源消费结构，加快建立多元化、电气化、安全化的清洁低碳高效的能源体系。

深入打好新阶段的污染防治攻坚战。我国明确提出碳达峰和碳中和的目标愿景，生态文明建设进入以降碳为重点战略方向、推动减污降碳协同增效、促进经济社会发展全面绿色转型、实现生态环境质量改善由量变到质变的关键时期。人民城市建设注重将城市污染防治的具体指标与实现美丽中国的战略目标相衔接，推动生态环境质量持续改善，强化系统治理和制度保障，使人民群众享有天蓝水清土净的宜业宜居环境。苏州河曾经历了从污染的代名词到城市后花园的转变，现如今苏州河已打造成为充满活力的"生活秀带"。得益于苏州河环境综合整治工程，苏州河沿岸打造了集生活、生态和景观于一体的公共空间，大力提升了人民群众城市生活的获得感和幸福感。

（三）人民城市建设要推进社会治理体系和治理能力现代化

治理体系和治理能力的现代化是全面建设社会主义现代化国家的一个重要方面。法治是现代社会文明治理的重要手段，是国家治理体系和治理能力现代化的重要标志。我国的生态文明建设已取得了阶段性成果，现已进入构建完整的制度规范体系的四梁八柱阶段，通过不断完善法律法规标准和政策评价体系为生态环境保护建立起管根本管长远的制度体系。人民城市建设注重完善生态环境保护配套法律制度供给，严格生态环境保护法律的执行，用法律约束破坏生态环境的行为，明确生态环境责任归属，将生态环境保护绩效纳入考核领导干部的规章制度中，使城市治理体系和治理能力现代化成为城市生态文明建设的制度支撑。

建立健全环境治理的法规政策。社会主义法治体系是建设法治国家的关键抓手。习近平总书记强调："保护生态环境必须依靠制度、依靠法治。只有实行最严格的制度、最严密的法治，才能为生态文明建设提供可靠保障。"① 人民城市的生态文明建设和环境污染防治注重建设现代环境治理体系，强化法律法规的制定和实施，开展环境保护和污染治理的地方立法，制定各领域、各方面和各环节的环境保护法规，规划制定环保标准，健全各类涉及环境治理的绿色标准体系，强化法治手段在环境治理中的作用。

强化落实环境治理的主体责任。生态环境对所有人都是公平的，习近平总书记强调："良好生态环境是最公平的公共产品，是最普惠的民生福祉。"② 生态环境具有公共产品属性，严格生态环境治理责任制度具有必要性，人人都可以从保护环境中受益，意味着人人有相应的责任和义务。调动社会各类主体积极参与环境治理，构建政府、市场、社会三方共同担责的生态环境治理体系。

完善环境治理的资金投入机制。建立健全长期稳定的中央和地方政府环境治理财政资金投入机制，通过政府政策引导和有效配套法律法规保障，发挥市场手段参与环境治理的作用，吸引和鼓励更多的社会资本进入生态环境治理领域，加快构建多元结构的生态环境治理资本投入机制。上海人民城市建设注重推进生态环保机制多元化、市场化，既着眼于建立市区两级财政资金投入机制，又积极探索对社会主

---

① 《习近平关于社会主义生态文明建设论述摘编》，中央文献出版社 2017 年版，第99 页。

② 《习近平关于社会主义生态文明建设论述摘编》，中央文献出版社 2017 年版，第4 页。

体环保行为的评价机制，尤其对提高环保能效的模范主体进行财政鼓励并提供支持信贷的金融政策，还鼓励社会资本设立环保产业投资基金。提高生态环境治理能力，形成在政府主导下，市场和社会多方参与环境基础设施建设的环境共治格局。

四、以开放为重要手段打造人民城市的时代品格

开放是当代中国实现高水平发展的鲜明标识。新发展理念中的开放发展注重的是解决发展内外联动问题。当今世界百年未有之大变局加速演进，面对全球性问题和挑战，没有哪个国家可以独善其身，只有坚持对外开放才能更好促进世界的和平与发展。习近平总书记在庆祝改革开放 40 周年大会上指出："改革开放是党和人民大踏步赶上时代的重要法宝，是坚持和发展中国特色社会主义的必由之路，是决定当代中国命运的关键一招，也是决定实现两个一百年奋斗目标、实现中华民族伟大复兴的关键一招。"① 人民城市建设是展现当代中国改革开放显著特征的生动具体实践。人民城市建设是国家发展战略的重要组成部分，开放是人民城市最鲜明的时代品格。

（一）人民城市开放发展要加速融入"双循环"新发展格局

党的十九大以来，习近平总书记对当前国际国内局势作出重大科

---

① 《习近平在庆祝改革开放 40 周年大会上的讲话》，《人民日报》2018 年 12 月 19 日。

学判断，指出"当今世界处于百年未有之大变局"。适应国家发展环境和条件的变化，党中央作出加快构建以国内大循环为主体、国内国际双循环相互促进的新发展格局的决策部署。新阶段，中国实现更高质量更高水平的对外开放，推动形成"双循环"新发展格局。人民城市建设应厚植开放新优势，构建畅通的城市内需体系，加快融入国内大循环并推动国内国际双循环，实现国内市场循环和国际市场大循环相互贯通、相互促进。

人民城市发展融入国内大循环。"双循环"新发展格局的提出是面对我国经济社会发展新阶段和世界政治经济环境变化所作出的主动战略安排。适应当前国家发展战略全局的需要必须将经济发展重心放在国内，提升国内市场地位，坚持以国内循环为主体。习近平总书记指出："近几年，随着全球政治经济环境变化，逆全球化趋势加剧，有的国家大搞单边主义、保护主义，传统国际循环明显弱化。在这种情况下，必须把发展立足点放在国内，更多依靠国内市场实现经济发展。"① 城市作为国家经济体系运行的空间支撑，对于畅通土地、资金、技术、劳动力等要素的国内大循环起着关键作用。人民城市建设坚持畅通经济循环，完善现代流通体系，以实体经济为支撑推动多元要素协同联动发展，实施扩大内需战略，推进供给侧结构性改革，大力提高城市供给能力，积极引导需求结构升级，实现更高水平的供需结构动态平衡。

人民城市推进国内国际双循环。坚定不移地对外开放，坚持以国内大循环为主体，并不是经济运行放弃国外市场搞封闭单一的内部循

---

① 《习近平谈治国理政》第四卷，外文出版社2022年版，第114页。

环体系，而是以强大的内需动力促进国内循环与国际循环更好联通，是更加主动、更加高效地参与经济全球化进程。伴随着综合国力的提升，中国对世界产生更加广泛而深刻的影响，中国市场的份额在国际市场中占有较大比重，尤其新冠肺炎疫情暴发以来，中国保持了社会的稳定和经济的正常运行，成为全球为数不多经济正向增长的国家，中国与世界经济的联系变得更加紧密。从长远来看，顺应经济全球化是推动经济健康发展的主流趋势。人民城市建设注重发挥区位和市场优势，强化对外开放力度，吸引全球高质量商品和高科技要素，深度参与国际经贸合作和全球经济治理，推动构建国内国际双循环的新发展格局。

用好改革关键一招。2020 年 9 月 1 日，习近平总书记在中央全面深化改革委员会第十五次会议上指出："当前形势下，构建新发展格局面临不少新情况新问题，要善于运用改革思维和改革办法，统筹考虑短期应对和中长期发展，既要在战略上布好局，也要在关键处落好子。"① 人民城市建设注重推动更深层次结构性改革，注重改革的系统集成，创新城市发展和治理的体制机制，处理好政府和市场的关系。注重有效市场与有为政府的辩证统一，发挥市场在资源配置中的决定性作用，政府为市场提供政策服务和方向引导，推动资源在各领域、各方面的高效流动和合理配置，打通阻碍国内国际双循环有序联通的淤点、堵点。人民城市建设注重以改革手段促进城市内部各要素系统联动，全力提升城市发展的质量和效益，推动构建新发展格局取得实实在在的成效。上海人民城市建设既要当好国内大循环的"中

---

① 《习近平谈治国理政》第四卷，外文出版社 2022 年版，第 225—226 页。

心节点"，又要做国内国际双循环的战略链接，体现人民城市建设的责任担当。

（二）人民城市开放发展要主动服务"一带一路"倡议实施

共建"一带一路"倡议是面对全球化出现新的阶段性特点，回答"世界怎么了，我们怎么办"的时代之问提出的中国智慧和中国方案。"一带一路"倡议体现了中国坚持全面对外开放的决心和促进世界经济合作共赢的理念，展示了中国在应对经济全球化的机遇和挑战中提升城市综合实力、打造外向型经济发展新高地。"一带一路"倡议的实施为城市经济转型、深化对外开放和高质量发展提供了的崭新平台。人民城市建设以优势产业体系和深厚的文化资源助推"一带一路"建设。

加强"一带一路"倡议的战略节点建设。"一带一路"倡议是一个全面系统的经济合作战略计划，"一带一路"倡议的实施为城市开放发展和企业效益提升提供了历史机遇。"一带一路"倡议是一项强调系统集成和协同合作的长期工程，它的建设是以点带面、从线到片，逐步扩大合作区域的循序渐进过程。"一带一路"沿线有诸多节点城市参与这一倡议的实施，节点城市是"一带一路"倡议的重要战略支撑，是对沿线国家开展跨区域交往与合作的关键载体和重要先行者，只有支撑丝绸之路经济带和 21 世纪海上丝绸之路的战略支点城市发展壮大，"一带一路"倡议才能进一步拓宽沿线国家的国际市场，使倡议由战略设计落地成为现实实践。人民城市建设有利于推动"一带一路"倡议走深走实，为世界经济复苏、和平发展和现代化建设增添动力。上海是我国重要的国际经济、金融、贸易、航运和科技创新中心，对于引领"一带一路"高质量发展具有突出的比较优势，习近平总书记对上海城市发展提出重要要求，既要建设体现以人民为中心发展理念的人民城市，又要建成服务"一带一路"高质量发展的"桥头堡"。上海市立足于自身在国家发展全局的角色定位，利用贸易口岸的区位优势，以高标准、可持续、惠民生为目标，坚持"稳"字当头、稳中求进，坚持共商共建共享，持续夯实发展根基，稳步拓展合作领域，加快打造服务"一带一路"建设的桥头堡。①

发挥城市优势打造五通示范区。"一带一路"倡议始终秉持和遵循共商共建共享原则，努力实现政策沟通、设施联通、贸易畅通、资金融通、民心相通。人民城市建设打造与"一带一路"倡议相融通的战略框架。加强政策沟通是城市融入"一带一路"倡议的重要前提。推进基础设施互联互通是城市融入"一带一路"倡议的基础条件。推进贸易畅通是融入"一带一路"的重要内容。资金融通是城市融入"一带一路"的重要支撑。民心相通是城市融入"一带一路"的社会根基。人民城市注重从优势领域入手，注重凸显城市蕴含的文化魅力，注重提升都市圈和城市群的聚合力，达到通过区域一体化建设增强城市形象合力的效果。过去几年，上海将"一带一路"建设与人民城市建设结合起来，从中挖掘出城市发展与"一带一路"建设的共振点，将其作为服务人民群众、提升城市能级、打造核心竞争力的生长点。其中上海瞄准政策、设施、贸易、资金、民心五方面，力求实现全方位互联互通，使人民城市发展与"一带一路"建设同

---

① 孟群舒：《加快打造服务"一带一路"桥头堡 龚正出席推进"一带一路"建设工作领导小组会议》，《解放日报》2022年6月9日。

频共振。上海人民城市的开放发展走向深化制度型对外开放，通过打造交通物流、经贸合作、金融投资、科技创新和人文交流平台以人民城市的高质量发展为"一带一路"提供五通示范区，如大力提升中远海运集团和中铁上海局集团的航运能力打造国际航运中心；利用中国进口博览会平台打造国际经贸中心，着力建设自贸试验区及临港新片区；以国家开发银行上海分行和国家进出口银行上海分行为主体建设国际金融中心，以长三角生态绿色一体化示范区和 G60 科创走廊为牵引建设国际科技创新中心，结合上海国际电影节和上海国际艺术节建设国际现代人文交流基地。

（三）人民城市开放发展要注重提高对外讲好中国故事的本领

中国共产党成立百年以来，党团结带领中国人民取得了一系列重大成就，创造了举世瞩目的中国奇迹，特别在改革开放的进程中开创了社会主义现代化道路，以快速的发展赶上了世界现代化进程，中国逐渐由"跟跑者"角色转变为"领跑者"。城市是世界观察中国的重要窗口和中国对外展示国家形象的重要平台。人民城市建设主动担负起对外塑造好中国形象、讲好中国故事的历史使命，积极申报和举办大型国际性节展赛事，大力打造开放包容、兼收并蓄的国际交流交往平台。

以人民城市形象塑造国家形象。2021 年 5 月 31 日，习近平总书记在主持十九届中央政治局第三十次集体学习时强调，"讲好中国故事，传播好中国声音，展示真实、立体、全面的中国，是加强我国国际传播能力建设的重要任务。"① 国家形象的塑造受多重因素的影响，其中城市形象是国家形象的一个重要组成部分，构建良好的城市形象是营造国家形象良好口碑的重要手段。城市在对外开放合作交流中，充分展现城市广阔的市场前景、便捷的交通条件、完善的基础设施、优美的生态环境和深厚的历史底蕴，吸引国外投资商和国际游客来到中国城市，进而借助他者形象塑造勾画出更立体全面的城市形象，国家形象在城市形象的自塑和他塑中得到了提升。良好的城市形象是向世界展现中国形象的微观具体化，不但能够为城市带来新发展机遇，而且能够为国家带来广阔的国际合作空间，有助于促进国家形象的国际传播和被广泛接纳。

以人民城市为内容传播中国话语和中国故事。当前我国已经历史地解决了挨打和挨饿的问题，但挨骂的问题还未能根本解决。如何在错综复杂的国际传播环境下加强中国话语表达，这需要用具有中国特色、中国风格、中国气派的话语讲述好中国故事。人民城市融合了传统和现代的多重魅力，既具有深厚文化底蕴带来的沉稳从容，又具有现代文明带来的开放包容，人民城市是承担对外传播中国话语和讲好中国故事的生动载体。上海地处吴越文化的交汇处，是中国共产党的诞生地，也是中国改革开放的前沿阵地，上海具有丰富的优秀传统文化资源、革命基因和现代化文明成果，这些丰厚的城市文化底蕴彰显了中国的独特魅力和气度。上海作为世界观察中国的窗口应塑造好城市品牌形象，提高全球叙事能力，既继承和发扬红色文化、江南文化、海派文化，又深入挖掘人民参与城市建设、享受城市发展成果、

---

① 《习近平谈治国理政》第四卷，外文出版社 2022 年版，第 316 页。

与城市共同成长的人民故事,使世界人民通过数字传播产品直观、深刻地感受到上海这座国际化大都市的人本特质和东方风采。

以人民城市为平台举办重大活动和节展赛事。大型节展赛事活动是城市生活的亮点所在,有利于展现城市的独特风格,推动城市自然人文生态的发展。人民城市建设注重重大节展赛事活动对城市建设的正向作用,重点设计及打造独具特色和影响力的大型品牌活动,推进招商引资、招才引智、产业发展、文化交流、旅游消费,在扩大城市对外开放中提升城市建设质量。上海人民城市建设要持续办好中国国际进口博览会,放大溢出带动效应,持续打响虹桥国际经济论坛、陆家嘴金融论坛等品牌,发挥展形象、聚资源、领潮流的作用。①

五、以共享为价值目标明确人民城市的本质属性

共享是中国特色社会主义的本质要求,共享发展注重的是解决公平正义问题。发展的最终目的是实现人的全面发展和社会的全面进步。共享发展集中体现了中国共产党全心全意为人民服务的根本宗旨,体现了社会主义制度对于保障人民群众根本利益的优越性,体现了中国现代化发展以人为本的价值旨归。人民城市建设应把共享作为城市发展的根本目的,着力践行以人民为中心的发展思想,发挥人民作为城市建设主体的积极作用,把人民群众对美好生活的向往作为人

---

① 李强:《弘扬伟大建党精神 践行人民城市理念 加快建设具有世界影响力的社会主义现代化国际大都市——在中国共产党上海市第十二次代表大会上的报告》,《解放日报》2022 年 6 月 30 日。

民城市建设的出发点与落脚点，把人民群众的满意度作为衡量人民城市建设成效的根本标准，促进社会公平正义，贯彻全民共享、全面共享、共建共享、渐进共享的发展理念，使人民在推动城市共同建设、共同治理和共同享有美好生活的进程中彰显社会主义制度下人民城市的价值目标和本质属性。

（一）实现共享发展需要凸显人民的主体性

马克思主义唯物史观的出发点是现实的人，是"现实的人及其历史发展的科学"①。马克思主义始终坚持人民至上的政治立场，强调人民群众是历史的创造者和社会主义事业的依靠力量。"人民城市人民建，人民城市为人民"明确了人民城市的建设主体。人民城市建设注重调动和释放人民的创造活力，增强人民对城市建设的认同感、归属感、责任感和使命感，形成人民共同参与建设人民城市的生动局面。

将群众路线贯穿人民城市建设。群众路线是中国共产党的根本工作路线。人民城市建设注重在城市工作中用好党的群众路线，实现人民城市建设的一切工作都是为了群众、依靠群众，从群众中来、到群众中去。人民城市建设深刻回答城市建设发展依靠谁、为了谁的根本问题，在探索中国特色城市发展道路的实践中充分体现人民的主体性。2017年2月24日，习近平总书记在主持召开北京城市规划建设和北京冬奥会筹办工作座谈会时指出，"城市规划建设做得好不好，最终要用人民群众满意度来衡量。"人民城市建设，归根到底是要满足人民

---

① 《马克思恩格斯文集》第4卷，人民出版社2009年版，第295页。

群众对美好生活的向往。人民是城市建设和发展的主体力量，人民城市建设只有走好群众路线，凝聚群众力量，做到城市建设为了人民、依靠人民、建设成果由人民共享，解决关系人民群众切身利益问题，才能真正实现人民城市人民建、人民城市为人民。

推进人民城市建设的全过程民主实践。中国的民主是全过程民主，民主不是装饰品，也不是国家治理的摆设，而是实实在在地将民主用来解决人民生活需要的实际问题，在国家治理实践中体现民主选举、民主决策、民主管理、民主监督，激发人民群众在城市现代化建设中的首创精神。上海是全过程人民民主"首提地"，在践行全过程民主的实践中不断创新平台建设和完善制度程序，逐渐迈向全过程人民民主的最佳实践地。以长宁区虹桥街道古北市民中心基层立法联系点为例，长宁区虹桥街道基层立法联系点作为全国人大常委会法工委基层立法点，首次在意见征询会现场引入"直播立法、联动立法"，同时围绕群众需求换挡升级了市民中心的功能空间，重点开展功能优化、内容更新、空间拓展和数字赋能 4 个提升项目。①

开创人民城市基层治理新模式。国家治理体系和治理能力现代化是全面建设社会主义现代化国家的重要战略任务。人民城市建设是国家治理体系和治理能力的重要组成部分，基层治理是人民城市建设的重要基石。基层治理是国家力量深入基层的关键渠道，是联结国家、市场和社会有机互动的重要场域。人民城市建设围绕实现"一流城市一流治理"目标不断创新基层治理模式，依托政务服务"一网通办"和城市运行"一网通管"的基层治理两张网络，为人民群众提供全

---

① 王嘉旖：《从"首提地"迈向"最佳实践地" "全过程人民民主"融入城市方方面面》，《文汇报》2021 年 11 月 26 日。

方位服务体系和城市全周期管理，打造超大城市精细化治理示范样本。

（二）实现共享发展需要不断提升民生福祉

党的十九大报告阐述了我国社会主要矛盾的新论断。社会主要矛盾的变化为新时代人民城市的建设指明了方向。人民城市建设坚持问题导向，着力化解城市发展中的不平衡不充分问题，不断满足人民对美好生活的向往和期待。人民城市建设贯彻以人民为中心的发展思想，合理安排生活、生产和生态空间，让城市成为宜业宜居宜乐宜游的高质量发展形态。

人民是人民城市共建共享共治的实践主体，人民城市是人民当家作主的实践场域。人民城市建设不仅要有高屋建瓴的顶层设计，还要有细致的基层落实。党的十九大报告中提出"使人民获得感、幸福感、安全感更加充实、更有保障、更可持续"，"我们要坚持把人民群众的小事当作自己的大事，从人民群众关心的事情做起，从让人民群众满意的事情做起，带领人民不断创造美好生活"。① 人民城市建设注重树立民生视野，统筹抓好底线民生、基本民生和质量民生，围绕人民群众最直接、最关心、最现实的利益问题从多领域、多层次满足民生需求，在发展中提高、保障和改善民生，提高民生水平。以社会保障体系兜牢民生底线。人民城市建设围绕人民群众美好生活的需要，在"幼有所育、学有所教、劳有所得、病有所医、老有所养、住有所居、弱有所扶"上下功夫。人民城市建设紧紧围绕人民群众

---

① 《十九大以来重要文献选编》上册，中央文献出版社 2019 年版，第 32—35 页。

最关心的现实问题，做好普惠性、基础性、兜底性的民生建设，补齐民生短板，促进社会公平正义，以高质量发展满足人民就业、育儿、医疗、住房、养老、住房、教育等美好生活需要。

坚持以人为本打造高品质生活。2021 年 1 月，上海提出"以推动高质量发展、创造高品质生活、实现高效能治理为目标导向"[①]，当好全面建设社会主义现代化国家排头兵。创造高品质生活是推动人民城市建设的基本内容和目标。打造高品质生活的基本任务在于"三生、四宜、五人人"，即统筹安排好生产、生活、生态文明建设，推动建设宜业、宜居、宜乐、宜游的人民城市，使参与共建现代化城市的人民群众人人都有人生出彩的机会，人人都能有序参与治理，人人都能享有品质生活，人人都能切实感受温度，人人都能拥有归属认同。中共上海市第十二次党代会明确指出"创造高品质生活是满足人民对美好生活向往的必然要求，是我们一切工作的出发点和落脚点"，"把最好的资源留给人民，用优质的供给服务人民，让孩子们茁壮成长，让年轻人成就梦想，让老年人乐享生命，让人们畅享健康生活，推动全社会迈向共同富裕。"[②]

（三）实现共享发展需要扎实推动共同富裕

共同富裕是社会主义的本质特征和中国式现代化新道路的内在规

---

① 《推动高质量发展　创造高品质生活　实现高效能治理》，《解放日报》2021 年 1 月 25 日。

② 李强：《弘扬伟大建党精神　践行人民城市理念　加快建设具有世界影响力的社会主义现代化国际大都市——在中国共产党上海市第十二次代表大会上的报告》，《解放日报》2022 年 6 月 30 日。

定。习近平总书记明确指出共同富裕的深刻内涵："我们说的共同富裕是全体人民共同富裕，是人民群众物质生活和精神生活都富裕，不是少数人的富裕，也不是整齐划一的平均主义。"① 党的十八大以来，我国采取一系列有力措施在脱贫攻坚和全面建成小康社会上取得了重大历史性成就，为推动实现共同富裕打下了坚实的物质基础。人民城市建设围绕实现共同富裕的发展目标，探索城市发展道路。

逐步缩小相对差距的共同富裕。我国所要达到的共同富裕不是一个静态的终极目标，而是一个动态的阶段性的发展过程。1992 年邓小平在武昌、深圳、珠海、上海等地的谈话中指出："走社会主义道路，就是要逐步实现共同富裕。"② 他进一步阐释了共同富裕的不同阶段，"共同富裕的构想是这样提出的：一部分地区有条件先发展起来，一部分地区发展慢点，先发展起来的地区带动后发展的地区，最终达到共同富裕。"③ 发展的阶段性必然带来不平衡和发展差距，这种发展差距不是不可弥合的绝对差距，而是继续发展不断把蛋糕做大之后通过完善分配方式逐步缩小的相对差距。要逐步实现社会财富的均衡配置。浙江在建设共同富裕示范区时，率先基本建立推动共同富裕的体制机制和政策框架，形成先富带后富、推动共同富裕的目标体系、工作体系、政策体系、评价体系，形成一批可复制可推广的普遍性经验。④

发展和共享相平衡的共同富裕。中国特色社会主义进入新时代，

---

① 习近平：《扎实推进共同富裕》，《求是》2021 年第 20 期。
② 《邓小平文选》第 3 卷，人民出版社 1993 年版，第 373 页。
③ 《邓小平文选》第 3 卷，人民出版社 1993 年版，第 374 页。
④ 《浙江高质量发展建设共同富裕示范区实施方案（2021—2025 年）》，《浙江日报》2021 年 7 月 20 日。

社会主要矛盾发生了重大变化，发展的不平衡不充分现象较为突出，成为制约我国社会主义现代化发展的瓶颈。满足人民日益增长的美好生活需要，需要处理好发展和共享之间关系。注重解放和发展生产力，注重增进民生福祉，促进人民群众共享发展成果。人民城市建设注重实施民心工程。实施推进民心工程，是践行党的宗旨使命的实际行动，是践行"人民城市人民建，人民城市为人民"的重要抓手，是践行"抓民生也是抓发展"的重要体现。①

物质富裕和精神富裕相统一的共同富裕。共同富裕在本质上是实现人的全面发展和社会的全面进步。高品质生活是人民城市建设的重要课题。人民城市建设，既要以经济高质量发展满足人民群众的物质生活需要，又要以打造"建筑可阅读，街区宜漫步，城市始终有温度"的人文城市满足人民群众的精神文化需要，实现物质文明和精神文明相统一的全面发展。人民城市实现物质生活和精神生活协同发展，体现出城市建设以人为本的根本立场。《上海市城市总体规划（2017—2035）》和《上海市 15 分钟社区生活圈规划导则》中明确"构建 15 分钟社会生活圈"，旨在 2035 年基本建成覆盖率约 99% 的学前教育、公共卫生、养老照料、体育健身等"15 分钟公共服务圈"。人人都在城市社会生活中享受到"宜居、宜业、宜游、宜学、宜养"的生活乐趣。

---

① 谈燕：《充满感情满怀真情做实办好民心工程 市委市政府召开民心工程现场推进会》，《解放日报》2021 年 1 月 5 日。

第 四 章

新发展理念引领人民城市建设的实现理路

中国特色社会主义进入新时代，站在新的历史方位，习近平总书记明确强调要"提高新型城镇化水平，走出一条中国特色城市发展道路"。① 党中央根据国家现代化发展需要鲜明地提出了城市现代化的工作目标，即"贯彻创新、协调、绿色、开放、共享的发展理念，建设和谐宜居、富有活力、各具特色的现代化城市"②。人民城市建设必须坚定不移贯彻新发展理念。把握党的建设与城市治理的结合，明确党的建设伟大工程作为推动人民城市建设发展的核心动能和根本保障的关键作用。新发展理念引领人民城市建设是一项系统工程，要求用科学的方法论指导人民城市建设。

一、新发展理念引领人民城市建设的根本保障

我国的人民城市建设具有独特优势，这一优势不仅体现在形成了符合社会发展规律、能够用于指导城市建设的新发展理念，更重要的

---

① 《中央城市工作会议在北京举行》，《人民日报》2015 年 12 月 23 日。
② 《中央城市工作会议在北京举行》，《人民日报》2015 年 12 月 23 日。

在于有始终代表最广大人民利益、勇于自我革命的先进政党的领导。坚持党的领导是新发展理念引领人民城市建设的根本保障。中国共产党是中国特色社会主义事业的领导核心。"党政军民学，东西南北中，党是领导一切的。党是最高的政治领导力量，党的领导是我们的最大制度优势。"① 办好中国的事情，关键在党。建设好人民城市，党的领导至关重要。"新发展理念要落地生根、变成普遍实践，关键在各级领导干部的认识和行动。"② 党在领导人民城市的建设过程中切实做到将新发展理念贯穿于人民城市建设的方方面面。中国共产党是新时代人民城市的坚强领导核心，党的领导明确了人民城市的社会主义发展方向，党的自身建设也能够转化为推进人民城市建设的强大动力。人民城市建设应坚持党对城市建设的全面领导，确保党始终总揽全局、协调各方，建立健全党委统一领导、党政齐抓共管、全社会共同参与的城市工作格局。

（一）新发展理念引领人民城市建设必须坚持党的领导

坚持党的领导是人民城市高质量发展的根本保证，加强党的建设是人民城市高质量发展的根本要求。新发展理念引领人民城市建设应坚持和加强党对人民城市各领域各方面各环节的领导。习近平总书记关于坚持党的全面领导一系列重要论述提供了基本遵循。党的领导是中国特色社会主义最本质的特征，在深化和拓展社会主义本质中突出

---

① 《十九大以来重要文献选编》上册，中央文献出版社 2019 年版，第 272 页。
② 习近平：《在省部级主要领导干部学习贯彻党的十八届五中全会精神专题研讨班上的讲话》，《人民日报》2016 年 5 月 10 日。

党的领导。党的领导是中国特色社会主义制度的最大优势，突出党的全面领导对社会主义制度的统领和决定意义。党是最高政治领导力量，"在当今中国，没有大于中国共产党的政治力量或其他什么力量"。① "中国最大的国情就是中国共产党的领导。什么是中国特色？这就是中国特色"。② 最本质特征、最大优势、最高政治领导力量、最大国情，这些事关党的领导的重要论述，为新发展理念引领人民城市建设提供了理论遵循。

推进党建与治理融合发展。《关于加强和改进城市基层党的建设工作的意见》指出："城市工作在党和国家工作全局中举足轻重，是各级党委工作的重要阵地。"③ 坚持党建网格引领治理、管理、服务"三网融合"，政务服务"一网通办"和城市运行"一网统管"深度协同，推动党的建设与城市治理深度融合，不断解决发展堵点、民生痛点、治理难点，以一流党建引领、打造一流城市治理，推动人民城市实现高质量发展。

探索城市党建工作与基层治理服务融合推进的新道路。整合城市党建与城市治理的各类资源要素，打造全方位、多领域融合的党建联合体，构建全区域协同、横纵向联动、全市域共建共享的城市党建工作大格局。做实"引领、融入、跟进"三篇文章，推动城市党建与城市治理深入融合，着力构建以党建为引领、以人民为主体的城市治理模式，将党建融入基层治理的各领域各环节，探索出一条符合人民

① 《习近平关于全面从严治党论述摘编》，中央文献出版社 2021 年版，第 58 页。
② 《习近平关于全面从严治党论述摘编》，中央文献出版社 2021 年版，第 55 页。
③ 《关于加强和改进城市基层党的建设工作的意见》，《人民日报》2019 年 5 月 9 日。

城市建设规律的城市治理道路。

推进城市党建数字化转型，助力探索城市社会治理新模式。落实城市基层党建新理念，充分运用"万物互联""大数据""人工智能""云计算"等现代信息技术手段，整合现有基层党建、政务信息及城市管理的工作载体，优化升级城市党建新载体，实现多网合一、互联互通，构建全天候、全领域的智能化党建工作平台，提升数字化党建引领城市治理的水平。统筹推进智能化党建和城市治理融合发展，以公共服务精准化、城市治理精细化、反馈群众及时化、群众监督常态化为目标，将城市基层党建的原有传统优势与现代信息技术有效融合，深入探索数字化党建引领城市治理的新模式。积极践行"智慧党建"新模式，利用最新的现代信息技术构建"互联网+党建"的新路径，以准确及时地分析和研判党建工作内容，尤其在抖音、微博、微信等群体用户较广的新媒体平台，做到党建工作不缺位和网络信息有效引导，不断开辟城市基层党建新阵地。

打造人民城市党建治理新品牌。坚持新发展理念，引领各类社会组织专业规范运作、依法依规办事，以规范化推动基层治理社会化、法治化、智能化、专业化，不断培育公益性、服务性、互助性社会组织和群众活动团队。创新党组织的设置和活动方式，不断扩大楼宇党建的有效覆盖面，推进各大商圈市场、各类园区、行业监管部门、行业协会和重点互联网企业等党组织的建立，扩大城市内新兴领域党建的有效覆盖，不断提升新兴领域党的组织和工作覆盖质量，推动党建赋予人民城市治理新动能。

开辟人民城市社会治理新局面。注重整合信息、文化、服务、资源及城市党建阵地，建立健全城市共建共治共享的体制机制，促进全市各机关单位、企业单位、事业单位和社区党组织互联互动，建立起开放性的互联互动纽带，让广大党员都参与到城市党建和社会治理中来。强化市、区、街道、社区党组织四级联动，强化人民群众城市和社区的主人翁地位，畅通群众反馈与监督的渠道，让人民成为城市工作的"监督员"与"管理者"，形成社区治理合力为城市党建工作和城市治理工作增添新动力，更好地促进共建、共创、共联、共享，开辟人民城市社会治理新局面。

（二）党建引领和推动人民城市治理现代化

写好城市基层党建精细治理大文章。人民城市的基层党建把凝聚民心民意、汇集民智民力作为重要着力点，推动城市治理重心下移和治理力量下沉。在纵向上优化城市基层党组织构架，把基本公共服务、志愿服务、市场服务等下沉到网格，做实网格党建，促进精细化治理；在横向上汇聚城市治理的党建合力，凝聚党员干部真抓实干、奋发有为的思想共识和行动力量，提升城市党建科学化和精准化水平。以基层民主生活会为支撑点加强城市基层党组织建设，充分发挥基层党组织和广大党员在城市精细治理过程中的战斗堡垒和先锋模范作用，不断增强多元主体的社区归属感、职责认同感，引导人民群众和各类社会组织共同参与到城市治理中来，汇聚起城市精细治理的合力，构建人民城市共建共治共享的良好局面，谱写凝聚党建合力助推人民城市精细化治理的新篇章。

在基层社会治理中，党的领导不能缺失、不可替代，作为基层社会治理的核心力量，党的建设水平直接关系到基层社会治理的质量，而基层社会治理质量又反过来影响党领导根基的稳定与否。党的十九届六中全会审议通过的《中共中央关于党的百年奋斗重大成就和历史经验的决议》强调，"以党的政治建设为统领，以坚定理想信念宗旨为根基，以调动全党积极性、主动性、创造性为着力点，不断提高党的建设质量，把党建设成为始终走在时代前列、人民衷心拥护、勇于自我革命、经得起各种风浪考验、朝气蓬勃的马克思主义执政党"①。这一重要论述为新时代党的建设指明了方向，也为进一步优化加强人民城市的党建工作提出了新要求。以党建引领基层治理创新，是大变革时代基层治理方式与时俱进、城市治理能力不断提升的必然要求。我国社会流动性、多元化、个性化等特征日益凸显，单位制的管控职能正日益缩小，社会结构的明显变化对当前社会治理领域提出了新的挑战，这需要提升基层社会治理水平。习近平总书记在参加十三届全国人大一次会议广东代表团审议时强调："要创新社会治理体制，把资源、服务、管理放到基层，把基层治理同基层党建结合起来"。② 因此，将党建问题与基层社会治理问题结合起来，是新发展理念引领人民城市建设的重要思路。人民城市建设突出基层党建工作，把基层党组织建设成为"宣传党的主张、贯彻党的决定、领导基层治理、团结动员群众、推动改革发展的坚强战斗堡垒"，③ 充分发挥党建对基层社会治理的引领功能，提高基层社会治理水平。

党的十八大以来，党建引领基层社会治理取得重要经验。强调将

① 《中共中央关于党的百年奋斗重大成就和历史经验的决议》，《人民日报》2021 年 11 月 17 日。
② 《习近平关于总体国家安全观论述摘编》，中央文献出版社 2018 年版，第 153 页。
③ 《关于加强和改进城市基层党的建设工作的意见》，《人民日报》2019 年 5 月 9 日。

党的领导力量融入社会治理工作，注重在联系和服务群众"最后一公里"的各基层组织中强化基层党建工作，通过党建引领聚合，将以人民为中心的发展思想落实到城市各处的神经末梢。习近平总书记强调，党的工作最坚实的力量支撑在基层，经济社会发展和民生最突出的矛盾和问题也在基层，必须把抓基层、打基础作为长远之计和固本之策，丝毫不能放松，要"把加强基层党的建设、巩固党的执政基础作为贯穿社会治理和基层建设的一条红线"①。这为人民城市建设统筹推进基层社会治理与党的建设指明了前进的方向和路径。2017年召开的全国城市基层党建工作经验交流座谈会，推广了上海等城市基层党建的新经验。有效贯彻落实城市基层党建引领基层社会治理，必须坚持科学工作理念，把握城市基层党建工作规律，不断提升城市基层党建工作水平，为建设具有中国特色的现代化城市提供坚强组织保证。

人民城市基层党建整体建设理念深入人心。上海市黄浦江两岸以党建引领公共空间治理的成功经验，是系统统筹城市基层党建和基层治理典型范本。上海市创新黄浦江两岸公共空间的治理方式，将街道社区与滨江单位的党组织联动起来，构筑了近50个"珠链式分布、属地化管理、综合性功能"的党群服务站点②，以"滨江党建"创新模式提高了江畔的公共管理服务效能，推动黄浦江从"工业锈带"转变为"生活秀带"。陆家嘴金融城始终将强化基层党组织建设、厚

---

① 《习近平关于社会主义社会建设论述摘编》，中央文献出版社2017年版，第129页。

② 《坚持系统建设整体建设　奋力开创城市基层党建引领基层治理新局面》，《人民日报》2021年6月18日。

植党的执政基础作为紧密联系群众和严格楼宇治理的根本支撑，不断创新楼宇党建体制机制，织密基层网络。陆家嘴金融城集聚了285幢商务楼宇，入驻企业4万多家，从业人员50多万，陆家嘴金融贸易区综合党委管理着382个"两新"党组织、近万名党员。2018年底以来，共新增党支部66个，大智慧等7家民营企业成为"红班子、全党员"高管团队，真正做到将党的工作嵌入到了经济发展最活跃的经络上。

统筹推进楼宇党建与区域化党建、居民区党建"三建融合"，从"点上治理"走向"全域治理"。围绕"人民城市人民建，人民城市为人民"的工作理念，陆家嘴管理局党组借鉴居民区治理模式，探索建立"楼事会"制度。以楼宇为单位、楼长为依托、党群组织联盟为支撑，通过党组织牵头，业主或物业具体负责，政府有关部门协同推进，在商务楼宇中统筹协调经济治理、社会治理、城市治理的系统推进。改革楼宇经济治理方式，主动解决楼宇企业经营和发展的"急难愁盼"问题，促进优质科创项目和资本对接，发挥《陆家嘴金融城楼宇公约》在金融风险防范中的积极作用，引导金融服务实体，有效防范风险，推动楼宇经济高质量发展。完善社会治理结构，促进楼宇不同隶属关系的党群组织在"楼事会"融合，实现组织联动、活动联办、人才联引。创新城市治理方式，协调公安、市场监管、消防等18个部门，建立楼宇联席会议机制，推出"楼宇集成服务计划"和《楼事服务指南》。提供"楼门口"服务，做到诉求"一口式"受理、问题"一条龙"对接。

（三）新发展理念引领人民城市建设的制度治理

以党的建设为强大动能推进人民城市建设。中国共产党自身所特有的政治优势、理论优势和组织优势是领导人民城市建设工作的重要政治保障。党对一切工作的领导体现在人民城市建设中，即坚持党在城市建设中的领导核心作用。改革开放以来，生产要素逐渐涌向城市大量积聚，城市担负着更加重要的经济、文化和社会功能，党的工作重心随之转移到城市的建设工作中。中国特色社会主义新时代，城市的生产生活方式和社会关系结构发生了巨大时代性转变，新发展理念、发展目标和发展主题的确定，对党领导人民城市建设提出了更高要求。党领导人民城市建设的关键在于体制机制创新。

着力创新人民城市建设的制度设计。人民城市的性质和定位不同于传统城市和西方城市，"人民城市人民建，人民城市为人民"明确了城市建设的社会主义本质和人民属性。人民城市重在突出城市的人民主体性，是践行我国人民当家作主社会主义制度的重要战略空间。为确保人民城市建设的社会主义实践不变形、不走样，必须在城市工作中始终坚持并贯彻落实我国的根本制度和基本制度。

建立健全党管城市工作的治理保障。制度问题带有根本性、全局性、稳定性、长期性。人民城市建设建立健全党委领导城市的制度和体制机制供给，不断完善城市建设和治理的各项法律规章制度，全面推进人民城市建设依法治理、依规治理，健全党内法规体系，推进党内法规体系不断与时俱进，与城市法律法规相融合相协调。强化党委在城市工作中统揽全局、协调各方的体制机制，完善党委议事决策机制，充分发挥基层党组织常委会集体决策作用和各类领导小组作用，将关乎民生福祉的重难点问题及时纳入议事日程。建立不忘初心、牢记使命制度，完善坚定维护党中央权威和集中统一领导的各项制度，健全党的全面领导制度，健全为人民执政、靠人民执政的各项制度，健全提高党的执政能力和领导水平的制度，完善从严治党制度。

加强社会治理制度建设。党的十九大报告强调，"加强社会治理制度建设，完善党委领导、政府负责、社会协同、公众参与、法治保障的社会治理体制，提高社会治理社会化、法治化、智能化、专业化水平"。① 鉴于各城市的经济发展水平和历史文化情况不同，采取具有灵活性的具体实践方式，强化保障人民参与城市建设的制度设计。"在人民城市的决策和实施中，注意开展政党协商、人大协商、政府协商、政协协商、人民团体协商、基层协商以及社会组织协商。"② 建立健全人民城市制度需要尊重人民群众的首创精神，深入总结具有中国特色和现实意义的制度安排，创新人民城市的制度设计。党群议事会在引导居民有序开展民主协商中发挥了重要作用，实现党建引领社区治理。2017 年杨浦区江浦路街道对辽源西路 190 弄、打虎山路 1 弄、铁路公房三个小区探索开展城市更新工程。在新发展理念的指导下，三个小区打通了围墙，从而"三合一"成为崭新的辽源花苑，实现了"共建、共治、共享"，这些曾是三个独立的三四十年房龄的老旧小区，"华丽变身"成为如今的睦邻家园。作为杨浦区"三区合一"改造的成功案例，辽源花苑改变了社区微更新通常局限在一个

---

① 习近平：《决胜全面建成小康社会　夺取新时代中国特色社会主义伟大胜利——在中国共产党第十九次全国代表大会上的报告》，人民出版社 2017 年版，第 49 页。
② 刘士林：《人民城市：理论渊源和当代发展》，《南京社会科学》2020 年第 8 期。

小区、一片小广场等局部区域的惯例，打破了有形的围墙和无形的利益分割，让社区更新内涵更深刻，社区融合更紧密，老百姓更有获得感。"三区合一"是城市居民区规划贯彻落实人民城市建设和新发展理念的一个缩影，为城市针对辖区内各类老旧小区的实际情况，开展更多的改造实践，全面激发多方主体活力，发挥基层创新智慧，实现更高水平的物理空间和心灵空间的更新，提供了新发展理念实践的优秀样板。

二、新发展理念引领人民城市建设的方法论要求

坚持科学的理论指导，注重科学方法的掌握与运用，是中国共产党的优良传统。马克思主义始终是我国发展的指导思想，体现了立场、观点、方法的统一性。党的二十大报告指出："我们坚持以马克思主义为指导，是要运用其科学的世界观和方法论解决中国的问题，而不是要背诵和重复其具体结论和词句，更不能把马克思主义当成一成不变的教条。"[①] 坚持辩证唯物主义和历史唯物主义方法论，是党和国家实现中华民族伟大复兴的思想武器和行动指南。新时代人民城市建设要善于把马克思主义的立场观点方法转化为推动工作的"望远镜"与"显微镜"、"桥"与"船"。

始终坚持人民大众的立场。中国共产党是代表人民利益的政党，

---

① 习近平：《高举中国特色社会主义伟大旗帜　为全面建设社会主义现代化国家而团结奋斗——在中国共产党第二十次全国代表大会上的报告》，人民出版社 2022 年版，第 17 页。

"中国共产党根基在人民、血脉在人民、力量在人民。"① 人民对美好生活的向往集中体现了我们党的奋斗目标。党的十八大以来，以习近平同志为核心的党中央锐意进取、革故鼎新，立足于人民的需求大力推进全面深化改革走深、走实，在多个场合多次提出改革发展要不断增强人民群众的获得感、幸福感、安全感。基于对社会发展趋势的科学研判，习近平总书记在党的十九大报告中作出社会主要矛盾发生历史性转变的重大判断，将人民群众对美好生活的向往作为党和国家一切工作的出发点和归宿。城市工作是国家现代化建设的一个关键环节，也是践行人民对美好生活向往的奋斗目标的重要场域。党的二十大报告强调："团结就是力量，团结才能胜利"，"全面建设社会主义现代化国家，必须充分发挥亿万人民的创造伟力"。② 因此，人民城市建设的发展必须始终站稳人民大众的根本立场，将以人民为中心的发展思想贯穿于城市工作的全过程和全领域，形成用于指导城市工作的顶层设计。党在领导人民城市建设的过程中，坚持以人民为中心的宗旨和方针，将城市工作的出发点和落脚点都聚焦到实现人民幸福这个目标上来，为城市赋予了体现社会主义根本特征的人民属性。城市的人民属性具体体现为"城市属于人民、城市发展为了人民、城市治理依靠人民"的根本立场，"人民城市人民建，人民城市为人民"便是"属民""为民""靠民"的鲜明体现。

统筹安排"三生""四宜"。城市承载着人们赖以实现自身生存

---

① 习近平：《在庆祝中国共产党成立 100 周年大会上的讲话》，《求是》2021 年第 14 期。

② 习近平：《高举中国特色社会主义伟大旗帜　为全面建设社会主义现代化国家而团结奋斗——在中国共产党第二十次全国代表大会上的报告》，人民出版社 2022 年版，第 70 页。

发展的重要社会活动，地理空间和实践活动的有机结合构成了内部相互关联的城市系统。由于城市所特有的系统性和功能性，需要形成唯物辩证法的工作思维和工作方法推进人民城市建设。人民城市的建设以人民立场为根本立足点，为人民的物质利益和生活需要提供服务，要求合理协调城市各项功能，使其能够有效满足人民群众在各个领域对美好生活的向往和追求，使人民城市的建设能够助力人民自身的生产力解放和全面发展。2015 年，习近平总书记在中央城市工作会议上指出："全心全意为人民服务，为人民群众提供精细的城市管理和良好的公共服务，是城市工作的重头，不能见物不见人。抓城市工作，一定要抓住城市管理和服务这个重点，不断完善城市管理和服务，彻底改变粗放型管理方式，让人民群众在城市生活得更方便、更舒心、更美好。"[①] 新时代人民城市建设高品质生活的基本任务在于统筹安排好生产、生活、生态文明建设，使人民群众的美好生活达到宜业、宜居、宜乐、宜游的高标准，以此逐步探索出一条具有中国特色的现代化人民城市发展道路。

科学把握人民城市建设评价的具体性和发展性。人民城市建设既是一种具体的历史的城市样态，也是一个动态的变化的发展过程，在社会主义现代化建设的不同历史阶段将会被赋予不同的理论内涵和多样化的特征，人民城市评价指标的构建应是历史、现实和未来的有机统一。科学构建人民城市建设的评价指标，既要注重全面性和系统性，又要突出典型性、有效性和可操作性，充分发挥人民城市建设评价指标的"指挥棒"作用。从具体性来看，不同城市以及同一城市

---

① 《十八大以来重要文献选编》下册，中央文献出版社 2018 年版，第 83 页。

中的各个地区在历史传统、现实基础、发展优势和规划定位等方面存在一定差异，所以对于人民城市建设的评价指标建设应避免"一刀切""简单化"的做法，应该把握好一般与具体的辩证统一，既要有统一的基础指标，又要坚持具体问题具体分析，要以符合城市发展实际、推动城市发展为目的，鼓励不同地区和不同城市建立有自己城市特色的指标，使人民城市的评价指标具有地区特色。从发展性来看，城市建设是一个不断动态变化的发展过程，这就决定了人民城市评价指标的构建必须遵循发展性原则。一方面要以发展的眼光看待人民城市建设，要将其放在一定的时间和空间内进行考察和评价，既不能超前于当下城市建设实际，也不能落后于城市发展实践；另一方面要以发展的眼光看待人民城市的评价指标，及时根据城市建设发展的要求作出调整和完善，以人民城市建设评价指标之变反映和体现社会主义现代化城市建设发展之变。

深入理解新发展理念的整体性和协调性。新发展理念是一个具有完整的内在理论逻辑的有机整体，"五大发展理念相互贯通、相互促进，是具有内在联系的集合体，要统一贯彻，不能顾此失彼，也不能相互替代。"① 新发展理念在理论层面清晰地论述了基于新中国成立70 周年尤其是改革开放 40 周年来社会发展产生的巨大变革所蕴含的社会主义社会的根本发展规律。这一创新发展理念是我国关于发展的最新理论成果，其所根植的丰富的社会主义社会建设经验和所具有的鲜明实践导向，使新发展理念自身具备了辩证唯物主义和历史唯物主义的特性。"创新、协调、绿色、开放、共享"五大发展理念指明了

---

① 《习近平关于全面建成小康社会论述摘编》，中央文献出版社 2016 年版，第 42 页。

新时代发展的核心动力、整体布局、生态指标、空间格局和根本目的。创新发展离不开在开放条件下汲取世界人类文明成果，进行广泛的国际合作。协调发展强调统筹兼顾、正确处理各地区各领域的平衡发展，是推动实现共同富裕和促进全民共享改革发展成果的必由之路。绿色发展理念则是贯穿于创新发展、协调发展、开放发展、共享发展全过程的必要条件和核心指标。在推进人民城市建设的实践中完整、准确、全面贯彻新发展理念，科学总结新发展理念引领人民城市建设的新鲜经验，在新发展理念与人民城市建设的互动中不断推进实践基础上的理论创新，谱写马克思主义中国化时代化新篇章。

树立培育系统观念的思维方式。系统观念是具有基础性、整体性、系统性的思维方式和工作方法，是"战略思维、历史思维、辩证思维、创新思维、法治思维、底线思维"的重要支撑。我国在进行新的社会发展规划时，将系统思维观念作为"十四五"时期经济社会发展必须遵循的原则。系统观念是运用唯物辩证法解决我国社会发展问题的创新方法表达。坚持系统观念要学会灵活运用唯物辩证法，善于"弹钢琴"。毛泽东提出："弹钢琴要十个指头都动作，不能有的动，有的不动。但是，十个指头同时都按下去，那也不成调子。要产生好的音乐，十个指头的动作要有节奏，要互相配合。党委要抓紧中心工作，又要围绕中心工作而同时开展其他方面的工作。我们现在管的方面很多，各地、各军、各部门的工作，都要照顾到，不能只注意一部分问题而把别的丢掉。凡是有问题的地方都要点一下，这个方法我们一定要学会。"[1] 坚持系统观念的思维方式实现新发展

---

① 《毛泽东选集》第 4 卷，人民出版社 1991 年版，第 1442 页。

理念对人民城市建设的引领，要坚持"两点论"，防止片面性，切忌"顾此失彼"。要坚持"重点论"，善于把握主要矛盾和矛盾的主要方面，突出重点，抓住关键。要坚持在两点论与重点论的结合中抓住发展的"牛鼻子"，用系统思维去探索新时代人民城市治理新路径。在全面建设社会主义现代化国家的新征程上，全国各地千帆竞发、百舸争流，上海肩负着党中央赋予的更大使命，必须坚持整体观、长远观、系统观，牢牢把握住开展先行先试的新机遇，全面推进新时代人民城市建设，展现上海人民城市建设的中国特色、世界意义和时代价值。

第 五 章

新发展理念引领人民城市建设的实践范例

新发展理念是习近平新时代中国特色社会主义思想的重要内容，回答了关于发展的目的、动力、方式、路径等理论和实践问题，阐明了我们党关于发展的政治立场、价值导向、发展模式、发展道路等重大政治问题。人民城市建设是立足新发展阶段、贯彻新发展理念、构建新发展格局、推动高质量发展的主战场、主阵地，在国家发展全局中占据重要地位。上海坚持以新发展理念为引领，以推动高质量发展为主题，深入贯彻落实国家战略部署，在国家发展大局中的地位持续提升，涌现出长宁区深化拓展"凝聚力工程"、浦东新区打造"社会主义现代化建设引领区"、五大新城打造"独立综合性节点城市"、杨浦滨江打造"生活秀带"、"进博会"助力带动城市能级提升等典型案例。通过关注新发展理念引领人民城市建设的实践范例，让广大干部群众感受到新发展理念的真理力量。让人民群众真真切切感受到"人民城市人民建，人民城市为人民"不是一个口号，而是看得见、摸得着、真实可感的事实，不断增强人民群众的获得感、幸福感、安全感，体现以案说理的实践逻辑。

一、以新发展理念引领长宁区深化拓展"凝聚力工程"

（一）背景缘由

20 世纪 90 年代初期，伴随经济体制改革和产业结构调整，华阳路街道紧密结合自身实际，开展了"串百家门、知百家情、解百家难、暖百家心"大规模走访活动，创造了以"了解人、关心人、凝聚人"为主要内容的"凝聚力工程"，在实践过程中回答了基层党组织"做什么"和"怎么做"的问题，卓有成效地加强思想政治工作、推进基层党建。2007 年 9 月，时任上海市委书记的习近平同志来长宁视察时，称赞"凝聚力工程"是社区党建最早最长的典型。

党的十八大以来，长宁区始终坚持以密切党群关系为主线，以建设学习型、服务型、创新型党组织为抓手，以更好地凝聚党员、凝聚群众、凝聚社会为目标，提高新形势党的群众工作能力。2013 年，长宁区委制定了《关于坚持和发展"凝聚力"做好新形势下党的群众工作的实施意见》。2014 年，市委"1+6"文件印发后，长宁区根据基层社会治理形势任务变化，以建设上海凝聚力工程博物馆为契机，持续深化拓展"凝聚力工程"，大力推动社会治理与基层党建深度融合，不断健全党组织领导的自治、法治、德治相结合的城乡基层治理体系，走出了一条党建引领下共建共治共享社会治理创新之路。2018 年，长宁区委制定了《关于奋斗推进新时代"凝聚力工程建设"

持续提升基层党建质量的实施意见》，更加注重价值引领、凝聚社会力量和实现公平公正。近 30 年来，长宁区始终不忘初心、牢记使命，紧扣时代脉搏，紧紧围绕党的战略目标，不断深化拓展"凝聚力工程"的内涵和创新群众工作方法和路径，始终努力让"凝聚力工程"保持旺盛的生命力，使其成为上海基层党建工作的一个典型，成为长宁党建创新的品牌工程。

（二）基本做法

坚持以人为本，把握时代底色。"凝聚力工程"的发展深化具有鲜明的时代烙印，就是坚持人民主体思想和"人民城市"重要理念，注重发挥人民群众的积极性、主动性和创造性，不断满足人民群众对美好生活的向往。一是坚持"发展为了人民"，明确城市治理的价值取向。"凝聚力工程"牢牢把握群众所需所想所盼，推动实现"凝聚力工程"扎根社区、拓展区域，依托组团式联系服务群众工作机制，普遍走访帮扶困难群体，传承弘扬"四百"精神，不断创新"互联网+党建"，实现党的建设与网络信息化同向同步，积极探索更多富有时代气息、体现时代特色、充满时代活力的新途径、新方式、新载体。二是坚持"发展依靠人民"，明确城市治理的实现路径。"凝聚力工程"聚合人民群众的磅礴之力和非凡之智，充分释放社会各方面的巨大潜力和强大动能，大力提升城市发展的质量和效益。在生活垃圾分类工作推进中，全区实现了从"骨干参与"到"大众参与"、从"自我服务"到"为民服务"、从"一种困难"到"一种习惯"的转变。三是坚持"发展成果由人民共享"，明确城市治理的考量标尺。"凝聚力工程"把群众的获得感作为评价标准，满足各类社会主体多样化、多层次、多方面的需求，走出了一条"变与不变"的时代新路：世情、国情、党情在变，群众需求、社会结构在变，联系服务群众的方式方法在变，但"凝聚力工程"所坚持的以人民为中心的理念没有变，所体现的强烈为民情怀没有变，彰显的城市治理"人民性"的底色没有变。

坚持党建引领，突出凝聚特色。党执政的最大优势是密切联系群众，"凝聚力工程"的发展深化，始终把加强党的建设摆在首位，形成了"五个凝聚"。一是深化政治凝聚，强化政治思想的引领力。坚持以习近平新时代中国特色社会主义思想为引领，把党的政治建设落实到基层建设全过程。通过上海凝聚力工程博物馆，有效发挥博物馆的价值引领和宣传教育功能，创设"初心讲堂"学习平台，每年一个主题，努力打造党员理想信念教育的重要载体和品牌课程。二是深化组织凝聚，提升战斗堡垒的组织力。在区级层面，持续完善区域化党建工作格局；在街镇层面，持续优化社区党建"1+2"体制功能；在居民区层面，普遍实行"大总支"制。三是深化服务凝聚，扩大联动载体的辐射力。大胆创新组织设置，推动建立"产业生态圈"党建新模式，成立区人工智能产业、"互联网+生活性服务业"党建专业委员会，设置区时尚创意产业党委，组建航空行业、广告传媒行业党建联盟，通过党建引领，促进产业集群发展与创新社会治理同步提升。四是深化文化凝聚，汇聚共谋发展的向心力。创新传承方式，筑牢红色文化历史印记，用好《布尔塞维克》编辑部、中共中央上海局机关旧址、愚园路历史名人墙等红色文化资源，以群众喜闻乐见的方式，调动群众的积极性和主动性，共同讲好长宁红色故事。五是深化情感凝聚，激发自治共治的创造力。在全市率先探索实施"两代表一委员"联合接待机制，组织代表委员面对面听取群众意见建议，努力解决群众反映的具体问题。

坚守初心使命，彰显爱民本色。"凝聚力工程"的深化发展，始终坚持用"红心"凝聚"民心"，用"民心"衡量"初心"，用城市治理的温度换取人民群众的满意度。一是持续解决群众关心的难点问题。在全市率先全面完成二级以下旧里改造，大力推进精品小区建设，深入推进"五违四必"区域环境综合整治和交通违法行为大整治，在全市率先完成破墙开店整治、户外违法广告清除和"三亭"整治。出台"15分钟社区美好生活圈"建设规划导则，全覆盖推动全区各街镇"15分钟社区美好生活圈"建设，因地制宜补齐社区服务短板。二是用基层党建实效增强群众获得感。以社区事务自治、社区管理共治、社区文明德治、社区秩序法治为生态模式体系，建立"需求库"与"供给库"，打通"为民服务最后一公里"。以深化拓展"凝聚力工程"为主线，在全区党群服务站点统一前缀冠名"宁聚里"称谓，扩大社会影响力。以党的政治建设为统领，普遍设置"初心讲堂"等政治课堂；用好阵地空间，提供党务服务，做实党员教育，推进有效覆盖；深化拓展多层次、扁平化、融合式的区域化党建，落实"三张清单"和"双报到、双报告"等工作机制，举办"治理课堂""道德讲堂"，开展"两代表一委员"联合接待，设立"人民建议征集点"等，促进居民群众交往交融、推动自治共治联动衔接；根据群众需求提供政务服务、文体服务、生活服务、专业服务以及志愿服务、社区矛盾调处等自治共治服务，结合"一网通办"，做好线上线下服务。

（三）主要成效

党建引领各方参与社区治理。近年来，长宁区积极践行全过程人民民主，基层立法联系点工作始终走在全国前列，社会治理成效日益显现。长宁区始终坚持党的领导，"两代表一委员"联合接待机制、居民区分类治理、社区治理"一街一品""楼门口"服务体系等工作不断创新发展，持续激发党建引领、各方参与的基层治理活力。新的时代条件下，长宁区以自身建设实践不断赋予"凝聚力工程"新发展内涵，"六个有"主题党日得到中组部肯定，一批行业联盟党建、楼宇党建和"班长工程"建设取得显著成效，连续七次获评全国"关心下一代工作"先进集体。面对突如其来的新冠肺炎疫情，长宁全区同舟共济，发现并治愈全市首例病例，严格落实"外防输入、内防反弹"要求，扎实推进常态化疫情防控，疫苗接种取得全市"三个第一"佳绩，为全区经济社会发展提供了坚实保障。在此基础上，长宁区政务服务"一网通办"和城市运行"一网统管"的质效不断提升，率先探索了上海首个社区防疫专页模块，一批有效举措为疫情防控构筑了铜墙铁壁。①

改革创新活力持续加强。始终坚持改革创新、扩大开放优势，使得长宁区在近几年取得多项改革和"双创"领域的优异成果，尤其在主动服务和落实"三大任务、一大平台"等重大战略方面，长宁区紧密对接虹桥国际开放枢纽建设和上海城市数字化转型两大战略，

---

① 《长宁区加快建设具有世界影响力的国际精品城区》，《解放日报》2021年11月23日。

一批突破性政策成功落地。2016 年以来，长宁区相继推出"一照多址""一证多址"以及"验放分离、零等待"等一批全国、全市首创的改革举措，其中 6 项改革举措获得国务院通报表扬。2021 年 4 月，关停两年的定西路巴黎春天百货经城市更新和功能重塑，成为长宁全新的经济数字化转型特色基地"新微智谷"，首批进驻企业均来自芯片设计、区块链、场景设计等领域，是长宁区打造"虹桥智谷"国家双创示范基地的代表载体。与此同时，2021 年，长宁区还明确了聚焦精益创业方向，借助"虹桥智谷"获评全国第三批大众创业万众创新示范基地的契机，探索形成区域性创新创业制度体系和经验，打造上海创新创业的新地标。在此基础上，长宁区正大力推进科技创新人才集聚区建设，成功入选"科创中国"试点城市，城区创新活力持续增强。

环境品质提升效果明显。长宁区作为上海最早实施整区域城市更新战略的城区，近年来，"艺术愚园""静雅武夷""人文新华""漫步番禺"四大美丽街区建设成果显著，城区环境品质提升效果明显。2018 年开放的"上生·新所"，成为上海历史建筑保护及活化利用的标志性案例。① 伴随上海"一江一河"建设持续推进，长达 11.2 公里的苏州河岸线长宁段全线贯通，成为长宁老百姓和沿岸园区、企业感知城区活力的理想之地。苏州河滨河步道华政段、北新泾中环桥下空间等地标区段串珠成链，成为市民休闲运动的时尚地标。程十发美术馆、虹桥体育公园、临空滑板公园、临空音乐公园、延安中学体育中心等一批市、区重大文体项目相继建成，长宁还建成了 6.25 公里

---

① 《网红地标上生·新所背后，是层层叠叠的历史》，《文汇报》2021 年 11 月 11 日。

的外环生态绿道，绿化覆盖率达 33.3%，人均公园绿地面积达 7.4 平方米，继续居中心城区首位。① 长宁区还在全市率先完成沿街"居改非"、户外屋顶广告和"五亭"整治，市容环境社会公众满意度保持全市前列，区域生态环境质量持续向好，成功创建全市首批生活垃圾分类示范区。

二、以新发展理念引领浦东新区全力打造"社会主义现代化建设引领区"

（一）背景缘由

30 多年来，浦东新区坚持解放思想、开拓创新，始终走在改革开放的前列，取得了显著的发展成就。在从 20 世纪 90 年代初浦东率先开放、快速发展，到新世纪浦东以开放促改革、全面发展，再到党的十八大以来浦东全面深化改革、创新发展的历史进程中，浦东诞生了第一个金融贸易区、第一个保税区、第一个自贸试验区及临港新片区等一系列"全国第一"，是我国改革开放和社会主义现代化建设最生动的实践写照。

2020 年 11 月，习近平总书记莅临浦东开发开放 30 周年庆祝大会，明确指出，要立足于"两个大局"，研究制定《关于支持浦东新区高水平改革开放打造社会主义现代化建设引领区的意见》（以下简

---

① 《长宁区加快建设具有世界影响力的国际精品城区》，《解放日报》2021 年 11 月 23 日。

称《引领区意见》)。2021年7月15日，《引领区意见》正式公开发布。根据《引领区意见》，在新发展阶段，浦东要坚定不移地贯彻创新、协调、绿色、开放、共享的新发展理念，探索将新发展理念创造性转化为实践的方式路径，构筑区域发展的强大势能，带动上海进而带动长三角一体化高质量发展，打造全面建设社会主义现代化国家的排头兵。中央《引领区意见》出台后，浦东迅速研究制定了《浦东新区推进高水平改革开放打造社会主义现代化建设引领区实施方案》，全区各方面工作积极稳步推进，已经取得初步成效。

（二）基本做法

以创新为根本，建设国际科技创新中心核心区。加快关键技术研发，勇当科技和产业创新的开路先锋，为区域发展提供高水平科技供给，尤其要加强原创性、引领性科技攻关，全力推进国家战略科技力量布局，进一步提升张江综合性国家科学中心的集中度，聚焦集成电路、生命科学、人工智能等关键领域，开展全球科技协同创新。打造世界级创新产业集群，同长三角地区产业集群加强分工协作，突破一批核心部件、推出一批高端产品、形成一批中国标准。深化科技创新体制改革，探索创新重大科技基础设施建设和运行投入机制，在浦东设立的研发机构可研究适用上海科技体制机制创新的相关规定。

以集成改革为着力点，激活高质量发展新动力。聚焦基础性和具有重大牵引作用的改革举措，切实抓好综合性改革试点，从事物发展全过程、产业发展全链条、企业发展全生命周期出发谋划设计改革，在改革系统集成协同高效上率先试出经验。强化系统观念，在创新政府服务管理、优化营商环境、高标准市场体系建设等领域提出综合授权事项清单，在重大制度创新充分联动和衔接配套上走在前列，不断完善各项制度。

以制度开放为引领，打造全域特殊经济功能区。开展制度型开放试点，在投资、贸易、金融、人才等领域率先形成成熟、定型、有效的制度标准。聚焦贸易和投资自由化便利化、知识产权保护、公平竞争、商事争端解决等领域，加快建立与国际通行规则相衔接的制度体系。发挥上海自由贸易试验区及临港新片区"试验田"作用，对标最高标准、最高水平、实行更大程度的压力测试，探索建立与更大力度改革开放相匹配的风险防控体系，相关条件成熟后率先在浦东全域推广实施。

以金融市场为重点，构筑全球资源配置的功能高地。进一步有序加大金融市场的开放力度，完善金融市场体系、产品体系、机构体系、基础社会体系，建设海内外重要投融资平台，发展人民币离岸交易、跨境贸易结算和海外融资服务。以服务共建"一带一路"为切入点，积极配置全球资金、信息、技术、人才等要素资源，打造上海国际经济、金融、贸易、航运中心核心区，强化服务实体经济能力，做强做优核心功能，加快打造功能高地。

以人民为中心，建成现代化城市治理样板。坚持人民在城市建设和发展中的主体地位，构建系统完备、科学规范、运行有效的城市治理体系，提升治理科学化、精细化、智能化水平，提高应对重大突发事件能力，完善民生发展格局，延续城市特色文化，打造宜居宜业的城市治理样板，开创人民城市建设新局面。率先构建经济治理、社会治理、城市治理统筹推进和有机衔接的治理体系，把城市建设成为人与人、人与自然和谐共生的美丽家园。

以国内市场优势为依托，形成扩大国内需求的典范引领。增加高品质商品和服务供给，不断提升专业化、品牌化、国际化水平，推动消费平台和流通中心建设，培育打响上海服务、上海制造、上海购物、上海文化、上海旅游品牌，打造面向全球市场的新品首发地、引领消费潮流的风向标，建设上海国际消费中心。培育绿色健康消费新模式新业态，推动线上线下融合消费双向提速和终端非接触式智能设施建设以及资源共享，审慎监管消费新业态。

（三）主要成效

经济发展质量提高。浦东新区坚持将新发展理念完整、准确、全面贯穿发展的全过程和各领域，"四大功能"不断强化，"六大硬核"产业蓬勃发展，特色产业园区接连涌现，整个区域经济呈现出"更高能级"的发展态势。2021年浦东地区生产总值突破1.5万亿元，同比增长10%，高于全市近2个百分点，对全市经济增长贡献超过40%，今年上半年，浦东全力确保城市核心功能稳定运转，在全市经济发展中发挥了压舱石、稳定器作用。① 目前，浦东已经基本建成上海"四个中心"核心区和具有全球影响力的科创中心核心区框架，基本形成全球规模最大、种类最全、综合能力最强的光子大科学设施集群，在自主创新方面取得了重大进展。如，2021年全国首个全智能全天候半导体全球分拨中心在浦东机场综合保税区启用，该项目的启用是浦东增强全球资源配置能力，实施全球营运商计划（GOP），

---

① 《面对百年变局　浦东是我们的"王牌"》，《浦东时报》2022年8月9日。

助力企业面向全球、运作全球、配置全球的一项重要成果。此外，多款"创新药"陆续上市，其中针对治疗新冠病毒的中和抗体药物 JS016 与另一款中和抗体的联合使用已获得美国、意大利等全球 15 个国家和地区紧急使用授权，多次获得来自美国和欧盟的订单，安全性有效性获得世界认可，为全球新冠肺炎疫情防控提供了中国方案。①

改革开放力度加大。浦东新区坚持以自贸试验区和临港新片区为牵引，大胆试、大胆闯、自主改，改革开放力度不断加大。自贸试验区率先推出跨境服务贸易负面清单管理、离岸转手买卖"白名单"、生物医药特色物品通关便利化等一系列制度创新，牵头建立了长三角自贸试验区联盟，设立了"一带一路"技术交流国际合作中心，扩大开放首创性项目在多个领域有序展开。浦东新区、临港新片区率先启动"市场准营承诺即入制"试点改革②，这是继"证照分离""一业一证"改革后，又一项聚焦市场需求、再造"放管服"流程的改革，极大激发了市场主体的活力。临港新片区积极探索生态环境高质量发展的新路，在全国范围内首创了环评文件、水保方案、排污许可证"两评一证"合一的改革措施。浦东新区全面深化改革扎实推进，"放管服"改革形成样板，"一网通办"改革走在全市前列，机构编制改革创新凸显特色亮点，市场化、法治化、国际化的营商环境持续不断优化。

城市治理效能提升。浦东新区深入践行"人民城市"重要理念，始终把满足人民群众对美好生活的向往作为第一追求。人民共享最美生态。"'十三五'期间，楔形绿地、生态廊道、郊野公园、城市公

---

① 《浦东多款国产新冠药物研发冲刺》，《浦东时报》2021 年 12 月 10 日。
② 《浦东临港试行市场准营承诺即入制》，《人民日报》2021 年 12 月 8 日。

园、林荫道建设全面推进，浦东新增林地超过 40 平方公里，森林覆盖率从 14.66% 提高到 18.21%"①，全面消除黑臭水体，基本实现了农村生活污水处理全覆盖，生态环境质量大幅提升，市民切实享受到了城市生态建设的成果。人民享受最优的服务。"15 分钟服务圈"城乡全覆盖，"10、20、30"便捷交通网络规划稳步推进；基础教育质量规模全面提升，优质资源比例明显扩大；卫生健康事业蓬勃发展，三级、二级医院数量持续增加；养老服务体系不断完善，"东西南北中"区级养老机构全部开工，城区"嵌入式"养老和郊区"互助式"养老的服务水平有效提升，市民们切实享受到了优质的服务，感受到了城市的温度。2021 年 12 月，发布的《浦东新区创建全国文明典范城区工作方案》，吹响了浦东全力创建首届"全国文明典范城区"的号角。之后三年，浦东新区将构建党委领导、政府负责、民主协商、社会协同、公众参与、法治保障、科技支撑的文明典范城区创建体系，建设人人有责、人人尽责、人人参与、人人享有的文明典范城区创建共同体。

三、以新发展理念引领五大新城积极建设"独立综合性节点城市"

（一）背景缘由

上海新城建设经历了不同的发展阶段和机遇。第一阶段是建设

---

① 《浦东未来将走一条更高水平的品质之路》，《浦东时报》2021 年 12 月 23 日。

"卫星城",目的在于疏散中心城区人口,扮演"卧城"角色,但也导致了人口流动的"钟摆现象",带来了巨大的交通压力;第二阶段是建设"郊区新城",力求在解决职住平衡基础上,打造相对独立、功能完善、各具特色的中等规模城市,构建"反磁力中心",培育新的增长点,但由于上海市建设重心仍在中心城区,新城建设成效与目标仍有一定差距;第三阶段是建设"五大新城",旨在通过打造独立综合性节点城市,培育上海未来发展最具活力的重要增长极和发动机。2017年国务院批复的《上海市城市总体规划(2017—2035年)》明确,将重点建设嘉定、松江、青浦、奉贤、南汇5个新城,"培育成为在长三角城市群中具有辐射带动能力的综合性节点城市",标志着上海新城建设进入新的发展阶段。

2021年初,上海市政府公开发布《关于本市"十四五"加快推进新城规划建设工作的实施意见》,指出"五大新城"必须牢固树立和贯彻创新、协调、绿色、开放、共享的新发展理念,全面落实构建"双循环"新发展格局要求,将新城建设成为引领高品质生活的未来之城,推动全市经济发展的重要增长极,推进人民城市建设的创新实践区、城市数字化转型的示范区和上海服务辐射长三角的战略支撑点。在实施意见的指导下,"五大新城"的总体城市设计方案已经正式印发,建设项目加速落地,各类支持政策细则不断配齐与完善,新城建设取得阶段性成果。

(二)基本做法

五大新城深入践行新发展理念,立足于服务全市"四大功能"

和"五个中心"建设大局，在明确各自特色功能定位的基础上，聚焦产业、公共服务、交通、环境品质等关键领域集中发力，综合赋能，全面落实独立的综合性节点城市新定位、新要求，凸显新城之"新"。

加强产业支撑，打造全市经济发展的重要增长极。一是夯实制造业发展基础，打造"一城一名园"。聚焦产业链价值链关键环节，以特色品牌园区为关键抓手，加快引进功能型机构、高能级项目、重大平台和龙头型企业，打造相关产业的区域控制中心。二是加快现代服务业发展，打造"一城一中心"。强化服务辐射功能，吸引先进制造业的企业总部、研发中心、运营平台在新城集聚，促进健康产业、体育产业、文化产业在新城形成特色功能，加快推动高能级生产性服务业和高品质生活性服务业发展。三是顺应新技术革命，率先实现数字化转型。率先在新城布局数字经济新兴产业，率先打造一批具有引领性的数字化应用场景，带动新城整体数字化转型。四是加强产学研协同创新和科技成果转化，促进产城融合发展。强化产业园区、研发机构、高校、产业总部的创新联动，实现高质量产学研协同创新和科技成果转化。推进新城产业园区、大学校区和城镇生活区的设施共享、空间联动和功能融合。

完善综合交通系统，形成链接辐射长三角的战略支点。一是建设便捷高效的对外交通系统，打造"一城一枢纽"。优先推进新城综合交通枢纽以及与周边城市的快速交通通道建设，依托国铁干线和城际铁路加强与长三角城市联系，加快实施市域线（城际线），强化与近沪枢纽节点的便捷连接，优化内河航运功能，建立绿色安全的对外货物集疏运体系。二是坚持公交优先，探索交通管理机制创新。完善以公共交通为主体，各种交通方式相结合的多层次、多类型城市综合交通体系，路权分配进一步向公交倾斜，大幅提升新城公共交通机动化出行分担率。二是坚持绿色集约，打造系统完善的内部综合交通体系。加快完善以轨道交通（含局域线）为主的公共交通体系，优化新城内部路网结构，加大主次干路规划实施力度，构建有特色、高品质的静态交通系统和慢行系统，鼓励使用清洁能源汽车，倡导绿色出行。

提高公共服务能级和水平，吸引各类人才汇聚。一是加大高品质公共服务资源倾斜，提升新城辐射服务能级。构建成体系、高品质、多样化、有特色的新城教育体系，引入优质文化、体育、旅游资源和专业展演、策划和运营团队，举办高水平展演和专业性顶级体育赛事，形成有影响力、有辐射力的特色功能。二是打造"15分钟社区生活圈"，完善社区级公共服务配置。按照优于中心城的建设标准和品质要求推进社区级公共服务设施建设，结合居民生活路径对服务设施混合布局，建设一站式、功能复合的社区服务综合体，提升15分钟步行可达覆盖率。三是优化住宅空间布局，完善多样化住房供应体系。促进住房规划建设与轨道交通建设、就业岗位分布、公共设施配套联动发展，完善多主体供给、多渠道保障、租购并举的住房制度，推进人才安居工程。四是制定公共服务配套政策，增强人才综合吸引力。因地制宜制定涉及教育、医疗、养老等服务人才的一揽子公共服务配套政策，强化人才引进政策，完善居住证积分和落户政策，吸引各类人才向新城聚集。

增强人居环境和城市韧性，提升新城空间品质。一方面，创造优良的人居环境，打造"一城一意象"的城市名片。强化总体城市设计和重点地区城市设计，加强空间品质的整体性、系统性、协同性，全面贯彻"适用、经济、绿色、美观"的建筑方针。坚持"大生态"格局，完善开放空间网络，加强公园绿地和体育、文化功能的结合。全面倡导绿色低碳的生活方式和城市建设运营模式。强化历史风貌保护，推动老城区有机更新。另一方面，强化城市韧性，建设智慧安全的基础设施和保障体系。超前布局新型基础设施，推进基础设施智能化运用，引导丰富便捷的智慧化民生服务，构建弹性适应、具备抗冲击和快速恢复能力的安全韧性城市空间，提升综合防灾减灾和电力、燃气等安全保障能力，加快完善公共卫生体系，健全综合应急指挥系统，提高应急救援队伍的专业化水平。

（三）主要成效

产业能级持续提升。五大新城通过高能级产业发力，构建各具特色、错位竞争的产业体系，提升了经济活力和产业能级。嘉定新城将"产"和"城"作为有机整体谋划建设，正在重点打造三个示范区样板：远香湖中央活动区、嘉定智慧湾未来城市实践区和西门历史文化街。远香湖中央活动区面向区域经济，进行高能级的"交通+"产业赋能中心建设，延续着新城"现代高雅、开合有度"的城市形象；嘉定智慧湾项目专项规划目前已获批，融入适量产业、居住配套，打造"三生融合"的示范地；西门历史文化街区则突出传统历史文化街区韵味特色，打造休闲、创意、商业、旅游和居住等多功能复合的活力文化街区。① 青浦新城依托地处长三角绿色一体化发展示范区的区位优势，以开放发展的理念打造长三角金融总部聚集地，吸引了波司登集团、国际展览公司、缙嘉科技、运杰投资等多家总部型企业签约落户。松江新城深入贯彻创新发展理念，锚定高质量发展，建设长三角 G60 科创走廊，推进产业链创新链融合，世界知名机器人制造商"库卡"、G60 脑智科创基地、腾讯科恩实验室等头部企业和顶尖研发机构纷纷在松江落地，还通过"6+X"重点产业发展推动先进制造业的高质量发展。奉贤新城以深耕美丽健康产业发展，做大中医药特色产业，培育智能网联汽车产业，培育产业生态链，引进了上美、麦吉丽、药明生物、君实生物、康达新材、万泽精密、同创普润等一批化妆品、生物医药、新材料、高端装备领域重大项目先后建成投产。南汇新城聚焦前沿科技产业和现代高端服务业，重点推进了特拉斯研发中心、积塔半导体、新昇半导体、中移动 IDC 产业基地二期、商谈科技、格科微电子等前沿科技产业项目，打造"世界未来之城"。

民生福祉不断增进。五大新城以人人共享美好生活为出发点和落脚点，聚焦人民关切的领域，持续不断增进民生福祉。在城市设计规划上，按照韧性城市、智慧城市的最新理念和标志，开展了重点领域示范区的建设。确定了"蓝道绿道风景道"三道交融空间协同、低碳发展、数字化转型、海绵城市、慢行交通、公园城市、高品质饮用水等 7 个示范领域，开展公园城市规划建设导则、绿色生态新城专项

---

① 《嘉定　激情谱写现代化新型城市建设崭新篇章》，《解放日报》2021 年 11 月 24 日。

规划等编制①，推进新基建、水务、绿化市容等重点项目建设。目前嘉定以《新城数字化转型规划建设导引》为指南，重点推进了"一环三路"智慧交通等示范项目建设；松江则在 2021 年新添了昆水绿地公园、泗泾塘河畔休闲绿地、松江思贤公园、九千泾公园绿地、恬润新苑休闲公园等许多休闲绿地，极大提升了新城的人居环境。在公共服务设施配置上，建设"15 分钟社区生活圈"，教育、医疗、文化旅游、体育等重大项目落地。嘉定区南翔镇东社区的"我嘉·邻里中心"是"15 分钟社区生活圈"建设的生动样板，从衣、食、住、行、闲到油、盐、酱、醋、茶，该中心持续为附近 6 万多居民提供"一站式"服务，构建起"15 分钟社区综合服务圈"。② 目前上海天文馆等项目已投入运营，宋庆龄学校嘉定实验学校、青浦区公共卫生中心、国妇婴奉贤院区、人文松江活动中心二期以及各新城综合为老服务中心等多个项目正在施工建设。在住房供应上，保障新城的住宅用地和住宅建筑量，完善多样化住房供应体系。

　　人民群众参与感增强。五大新城贯彻落实"人民城市人民建，人民城市为人民"的重要发展理念，使公众积极参与到共建共治共享的城市文化治理格局中来。一是做实公众参与、广泛听取意见。2021 年，市、区举办了多次有关新城规划建设的各类推介活动，各行业协会和研究团体也纷纷组织主题研讨会。市规划资源局还在市人民建议征集办指导下开展了"我为五个新城规划建设加油添彩"人民建议征集活动，各渠道共收集人民意见近千条，形成了社会各方共

---

① 《新城 23 片重点地区城市设计基本完成》，《文汇报》2021 年 9 月 11 日。
② 《"五年·如数嘉珍"之"我嘉·邻里中心"》，上观新闻，2021 年 11 月 14 日。

同参与新城建设的良好态势。青浦"幸福社区"建设稳步推进，通过主动听民意、居民智、惠民生，发扬全过程民主，畅通了共建共治的参与渠道，真正把这一项民心工程做到群众的心坎上。二是充分发挥专家智库和高校团队支撑作用。构建全过程专家顾问机制，成立了新城规划建设市级专家顾问组，持续发挥专家团队在规划编制、政策制定、决策咨询等方面的作用。同时，对标国内外最新理念标准，与同济大学上海新城建设研究中心等专业团队合作开展前瞻性课题研究，加强专业技术储备。2021 年 4 月，同济大学率先成立新城研究中心，聚焦五大新城建设的新思想、新理念、新动力、新构架、新技术，为人民城市建设提供决策咨询判断、规划设计、运营管理推演等支持，力求成为支撑上海新城建设的重要研究平台。

四、以新发展理念引领杨浦滨江创新开发城市公共"生活秀带"

（一）背景缘由

2019 年 11 月，习近平总书记考察杨浦滨江，充分肯定杨浦将"工业锈带"打造为"生活秀带"的做法，创造性地提出了"人民城市人民建，人民城市为人民"重要理念，深刻阐释城市发展依靠谁、为了谁的核心问题。

作为中国近代工业发祥地，杨浦是全国最大滨江工业带之一，拥有丰富的工业遗产资源。近年来，杨浦区积极践行"人民城市"和五大发展重要理念，在推动老工业城区转型和城市更新过程中，坚持"保护为主、抢救第一、合理利用、加强管理"的文物工作方针，推进大规模工业遗产保护和活化利用。2020年9月，杨浦区以"生活秀带"为主题入围首批国家文物保护利用示范区创建名单，力争探索出可复制可推广的工业遗产保护利用新模式，促进城市更新改造，推动老工业城市转型发展。2021年3月，国家文物局审核同意《上海杨浦生活秀带国家文物保护利用示范区建设实施方案（2021—2023年）》，标志着上海杨浦"生活秀带"国家文物保护利用示范区创建工作的正式启动。随着该方案的实施，杨浦滨江科技创新继续领跑、民生改善再创新高、社会治理凸显成效、城市面貌焕然一新，正从曾经的"工业锈带"加速转变为"生活秀带"。

（二）基本做法

建设"中国近代工业重要发源地"的工业遗产科学保护示范引领区域。按照"保护为主、抢救第一、合理利用、加强管理"的文物工作方针，进一步夯实文物保护基础工作，增补文物保护对象，提升文物保护级别，落实文物保护"四有"工作。尊重城市发展规律，将文物保护理念纳入滨江发展全过程，保留传承工业文明特色元素、文化基因，推进文物价值全方位挖掘、文物本体高水平保护、文物资源高标准展示，从文物资源、建筑风貌、空间肌理、景观特色、集体记忆和非物质文化遗产等方面呈现较为完整的内容，形成由"不可移动文物—杨树浦路—生活秀带国家文物保护利用示范区"共同构成的"点、线、面"相结合的工业遗产保护利用体系。

建设"宜业、宜居、宜乐、宜游"的文物资源活化利用体验区域。坚持"保护为民、开放为民、利用为民"的宗旨，以挖掘文物资源内涵为抓手，增强文化自信为导向，统筹文物、规划、建设、市政等，合理安排生产、生活、生态空间，走内涵式、集约式、绿色化的高质量发展之路。按照"重现风貌、重塑功能、重赋价值"的原则，盘活文物资源，形成保护和发展的良性循环。立足滨江地区整体发展的功能定位，将文物保护利用与文化活态传承、全域旅游发展、产业创新转型、城市功能提升和绿色生态环保等协同互进，建设一批集城市记忆、文化创意、休闲旅游、知识传播、科技研发和城市消费于一体的示范应用项目，讲好工业遗产故事，打造开放式工业遗产博览园和旅游目的地，推动"文物+"产业融合发展，促进历史文化与现代生活的有机协调和融合，进一步提升文化自信。

建设"人民城市共建共治共享"的文物现代化治理实践区域。全面构建"党委领导、政府负责、部门协同、社会参与、依法治理"的工作格局。立足上海国际文化大都市定位，发挥好区内外高校的强势学科和科研优势，激发社会组织的协同补充力量，强化政府购买专业服务，优化机构建设队伍力量保障，有力促进文物保护利用的系统集成，不断提高文物工作科学化、精准化、智慧化、大众化水平。广泛开展文物保护普法宣传，鼓励引导志愿服务，营造政社合作支持文物保护利用的浓厚氛围。讲好文物背后的故事，见人见物见精神，弘扬城市荣光，提升让文物活起来的可参与性和可持续性。

建设"城市更新中改革先行先试"的政策腹地守正创新试验区域。在国家文物局和上海市文物局的指导支持下，探索拓展工业遗产有效保护和合理利用的政策性改革，处理好土地收储、出让、建设与文物保护利用的关系，着力精准施策，加快效能提速，促进信息整合，突破瓶颈壁垒，努力在推动《关于加强文物保护利用改革的若干意见》落地见效上发挥试点示范作用，不断加强城市更新中文物保护利用全局性与系统性的统筹建设，推进工业遗产保护利用的政策性保障和标准化进程。

（三）主要成效

城市文脉有序传承。在老工业区转型发展过程中，杨浦坚持尊重历史、尊重文化、尊重城市发展规律，对全区 50 年以上建筑的建造年代、房屋类型、现状情况、占地面积等方面情况进行了全面梳理，通过风貌评估，保护、保留建筑几百余栋。一是赓续历史文脉，红色资源守初心。杨浦作为上海近代工业集聚地、产业工人集中的地区之一，在波澜壮阔的革命斗争中，留下了深厚的历史文脉和丰富的红色资源。黄浦码头旧址弘扬留法勤工俭学运动的思想内涵和时代价值，通过创设"初心启航"展厅，打造"留法勤工俭学运动"浮雕墙，传颂周恩来、邓小平、聂荣臻等老一辈革命者扬帆远行、追寻真理的红色历程。建成开放沪东工人运动展示馆，通过文献、图片、实物、视频等史料，为参观者串联起杨浦的百年工运历史。二是创新保护方式，"锈色"资源巧利用。在杨浦滨江南段公共空间贯通过程中，确定了 5.5 公里连续不间断的工业遗存博览带概念，纺织厂的廊架、钢质的栓船桩等众多历史元素被保留或改造，成为公共空间的景观或配套服务设施，杨树浦水厂、杨树浦电厂等文物保护单位及其工业设施设备、工艺流程得到保护展示，祥泰木行原墙体通过钢结构加固改造，融合木材堆场肌理，突出木文化展示功能。① 三是强化内涵挖掘，绿色共享增活力。皂梦空间（白七咖啡馆）原址是上海制皂厂的污水处理车间，连通不同生产池的圆形管道，被改造成连接咖啡馆不同空间的通道，半透明膜屋面结构增加大空间的顶部采光，既节能环保又营造肥皂泡的空间意向。由杨树浦电厂干灰储灰罐改造而成的灰仓，创造出漫游登高远眺的滨江活动综合体。这些旧工业元素与现代设计交融的风格颇受市民喜爱。

美好生活持续打造。以"重现风貌、重塑功能、重赋价值"为主线，把记录着城市人文、精神气质的工业遗产建筑、空间保留下来，赋予其新的功能，从而不断拓展文化生活新空间，探索具有杨浦区特点的工业遗产转化利用之路。一是"创新+"打造"宜居宜业社区"。坚持科技创新与城市更新相结合，为工业遗产遗存叠加科技功能，促进新产业与老房子相得益彰。推进实施宝武钢铁"互联网+"产业园、城市概念园等一大批老厂房改建项目，在保留老厂房历史记忆的同时，老厂房的大空间形式与科创、展演、电竞等新兴功能和业态完美融合，为杨浦科创功能的实现提供了新的空间载体，构筑宜居宜业宜创的创新创业生态社区。二是"数字+"打造"沉浸体验空间"。杨浦滨江人民城市建设规划展示馆以虚实结合的现代科技手段展示杨浦滨江的历史与"人民城市"理念的当代实践，"杨浦滨江的记忆"展厅、"光阴的故事"互动屏幕、"无限镜"展示箱等展厅展项让游客通过数字手段体验历史生活。三是"艺术+"赋能"群众文艺体验地"。杨浦滨江依托裕丰纺织株式会社旧址的锯齿型工业建

---

① 《保护第一　合理利用　创新发展》，《中国文物报》2021 年 11 月 9 日。

筑，建设以服装、时尚为主题的上海国际时尚中心，承担了上海国际服装文化节、上海时装周主场等国际化、高层次活动。毛麻仓库旧址也成为众多部级、市级艺术展览的举办地，承办了"百年百艺·薪火相传——遇见营造之美"中国传统工艺邀请展等优质展览。

创新发展合力推动。为推进上海杨浦生活秀带国家文物保护利用示范区创建各项工作，推动工业遗产保护利用工作持续发展，杨浦建立健全各项制度措施，持续增强保护和更新利用能力。一是强化主体责任。在市、区两级相关部门的共同努力下，上海市杨浦区文物局作为全市首家增挂"文物局"牌子的区级文物行政管理部门正式揭牌。杨浦区设立了上海杨浦"生活秀带"国家文物保护利用示范区建设领导小组，及时研究交流工作进展情况，破解相关瓶颈难题。二是突出专业指导。聘请多位本市文物保护利用方面的领军人物出任顾问，兼顾学术、建设和运营等多个领域，尤其是集聚同济、复旦、交大等高校专家，涵盖市文物保护利用领域主要行业协会，为示范区建设提供专业指导。三是注重社会参与。积极倾听人民群众的意见建议，构建"党委领导、政府负责、部门协同、社会参与、依法治理"的保护机制，形成全社会共同保护工业遗产的局面。同时组建了杨浦滨江治理联合会，设立人民建议征集站，深化共建共治"朋友圈"，主动问需于民、问计于民，让更多社会主体支持参与工业遗产保护利用，使城市的发展更加契合人民的要求。

五、以新发展理念引领"进博会"全方位助力提升人民城市能级

（一）背景缘由

上海作为中国最大的经济中心城市、长三角地区的龙头城市，也是中国对外开放的枢纽门户。对外开放枢纽门户城市，是在一国或一个区域实行对外开放的战略导向下，依托具有高水平竞争力的交通、信息、金融等枢纽，承担各类要素流通和集聚的门户城市或门户区域，是现代化和全球化进程中形成的高层级城市。虽然与纽约、伦敦、东京等全球城市相比，上海在资源集聚能力、制度创新水平、营商环境打造等方面仍存在一定差距，但上海自身具有良好的城市基础条件和优势。上海综合交通体系已经形成，国际航运中心从"基本建成"迈入"全面建成"；全球各大航运集团集聚上海，现代物流区位优势明显；虹桥综合交通枢纽集成了机场、高速铁路、地铁、长途汽车、公交等多种换乘方式，网络状的交通体系联通国内和国际，成为上海面向世界的大门。同时上海经贸实力也在不断增强，国际经济中心、国际贸易中心地位初步确立，聚焦金融科技，不断扩大金融业高水平对外开放。中国国际进口博览会（以下统一简称"进博会"）的开展进一步提高了上海、长三角地区与全国产业发展的吸引力、交流沟通力、品牌形象力、产业与技术升级的集聚能力、平台展示交易力、服务配套力和竞争力，有效增强了上海开放枢纽门户功能。

作为世界上首个以进口为主题的国家级展会，进博会连续四年成功举办，为上海城市的开放发展提供着源源不断的动力和机遇。在第四届进博会开幕式上的主旨演讲中，习近平总书记十次提出"扩大开放"、七次强调"更加开放"。开放型经济是港口型大城市的天然发展方式。上海人民城市的建设以新发展理念为引领，并借力进博会进一步扩大上海的对外开放程度，是上海人民城市建设的必然要求，也是进一步满足人民对美好生活向往的需要。

（二）基本做法

以进博会促进城市制度创新，打造双循环的关键链接。进博会展览时间集中，对海关通关效率及商检安全保障提出较高要求。上海以及有关职能部门以进博会筹备工作为机遇积极革新监管模式，推行进博会通关智能化、数字化、便利化。例如，在海关与商检方面，上海海关设立了保障进博会的专门机构——上海会展中心海关，统筹国际会展监管资源，随时响应进博会需求；提出 5 项通关便利化措施和 3 项创新性举措，大大提高了通关效率。在税款担保方面，对进博会暂时入境的展览品由上海国际会展中心统一提供税款总担保，减轻境外参展企业的负担。在金融服务方面，各银行和保险企业进行各项服务创新，为境内采购商、境外参展商、参展个人提供境内外、本外币、全方位、一体化的全功能综合性金融解决方案。

以进博会助力服务贸易发展，打造开放枢纽门户新引擎。进博会在优化调整展品结构中，能够重点引进物流及供应咨询服务及文化授权服务，用以全面支撑货物贸易展区的贸易服务需求，与货物贸易展区形成互为展商与买家的生态链。第三届进博会服务贸易展区涉及金融、物流、咨询、物业管理、供应链管理、零售和文化旅游等领域，聚焦"创新连接价值"的主题，重点展示前沿科技与尖端技术在服务行业的创新成果，咨询服务、法律服务、检验检测服务及供应链管理等领域的专业机构将提供国际贸易支持、国际仲裁、多国标准认证等一站式解决方案，揭示未来办公、数字化转型、智慧企业管理的无限可能，助力国内及上海本土企业把握发展机遇，推进国际贸易创新发展。

以进博会助推形成全球综合价值链，打造有效产业链接。进博会的开展为完善全球价值链提供了"中国方案"，进而助推上海融入全球体系。进博会由企业商业展、国家综合展、虹桥论坛等组成，作为世界上第一个以进口为主题的国家级展会，已发展成与世界共享中国机遇的重要平台。从数据可以看出，进博会展览规模越来越大，溢出效应也越来越强。据统计，"前3届进博会带动外资新设和增资项目622个，投资额约305亿美元"①。这显示出中国依然是全球最具吸引力的投资热土，能以实打实的交流合作推动全球价值链、供应链更加完善，共同培育市场需求，共享发展机会。

以进博会推动高端要素聚集，不断增强上海资源配置功能。进博会不仅让世界各地的企业和民众了解新技术，而且加快了对新技术的应用和传播，推动全球价值链扩展。从前几届进博会现场看，经销商和采购商聚焦新技术、新产品成为主流趋势。进博会企业商业展包括货物贸易和服务贸易两部分，呈现展览规模大、国别分布广、企业数

---

① 《进博会让中国大市场成为世界大机遇》，《人民日报》2022年5月13日。

量多质量优、新产品新技术多、展览展示水平高等突出特点。

　　以进博会助力长三角区域联动，辐射带动效应不断增强。进博会成为上海虹桥商务区发展的引擎，带动了周边地区旅游发展和住宿供给。一是进博会明星展品进驻"虹桥品汇"等平台，吸引数万市民前往参观或购买商品。虹桥品汇，在 2020 年"已集聚了 70 多个国家和地区的 109 家企业、1200 多个品牌、1 万多种商品，其中进博参展商企业 70 多家，进博会商品占总商品数的 70% 以上"①，可见进博会溢出效应持续放大。二是推动长三角区域一体化战略持续发力，促进上海在长三角地区的定位由"领头"向"枢纽"转变。G60 科创走廊联合上海、嘉兴、杭州、金华、苏州、湖州、宣城、芜湖、合肥 9 个城市，组建进博会采购商联盟，以期更高效地承接进博会的溢出效应，深化产业集群布局，为长三角区域一体化的更快更高质量发展注入动力。

（三）主要成效

　　提升了上海国际贸易、投资增量。在全球国际贸易量增速连续两年下滑的背景下，进博会为中国与世界贸易创造了新的贸易合作机会，成为促进国内外贸易商、线下线上贸易平台及商业经济发展的新动能。2018 年至今，五届进博会意向成交额累计达到 3457.9 亿美元，每届成交额分别为：578.3 亿美元、711.3 亿美元、726.2 亿美元、707.2 亿美元和 735.2 亿美元，经贸合作成果不断丰硕，开放水平日益提高，

---

① 《"留住"展商，进博会溢出效应不断放大》，《文汇报》2020 年 7 月 26 日。

溢出效应持续扩大，有力促进了国内国际双循环的良性互动。

推动了上海城市建设产业升级。长久以来，我国出口贸易大多以中低端制造业产品为主，进博会集聚了国内外众多新技术、新产品，向世界集中展示了全球核心技术和高端产业的最新成果。这一方面有利于引进国外高端技术，推进上海产业转型升级；另一方面，向世界展示了我国的最新技术，推动国内高端产业走出国门，走向世界，积极嵌入全球产业链中。进博会通过开展多项投资贸易洽谈和虹桥商务区积极承接进博会溢出效应，引进一批国际投资贸易机构和企业入驻虹桥，推动贸易向产业转化的技术、投资、服务合作，有利于打造先进制造业高地和各类产业集群，促进产业升级。

提升了上海全球城市的软实力。进博会首次举办就跻身全球前十大商业展会，吸引了全球的目光，成为一次成功的世界级城市营销活动。对标国际最高服务标准、服务理念，在首届进博会延长展品入境时限、展览品与保税货物转换、预包装食品可免贴中文标签等便利化措施基础上，海关又增设第二届进口博览会 13 项便利措施，扩大"上海服务"的辐射半径和竞争优势。上海的非遗及老字号都兼具历史悠久、世代传承、文化底蕴深厚、信誉良好、广泛认同等特征，这也是优秀传统文化和现代商业文明共同的价值追求。第二届进博会首次增设 4000 平方米"非物质文化遗产暨中华老字号"文化展示项目，上海展区占地 702 平方米，包括 37 个非遗项目和 69 个老字号，多维度、广视角、全方位展示上海文化魅力，推广"上海文化"，助力打响上海"四大品牌"建设。①

---

① 《上海非遗老字号跃上世界级舞台》，《文汇报》2019 年 11 月 5 日。

参 考 文 献

一、著作

《马克思恩格斯文集》第 1、4 卷，人民出版社 2009 年版。

《资本论》第 1 卷，人民出版社 2004 年版。

《列宁选集》第 1 卷，人民出版社 2012 年版。

《毛泽东选集》第 1—4 卷，人民出版社 1991 年版。

《毛泽东年谱（一八九三—— 一九四九）》，中央文献出版社 1993 年版。

《邓小平文选》第 2、3 卷，人民出版社 1994、1993 年版。

《江泽民文选》第 1—3 卷，人民出版社 2006 年版。

《胡锦涛文选》第 1—3 卷，人民出版社 2016 年版。

《十八大以来重要文献选编》上册，中央文献出版社 2014 年版。

《十八大以来重要文献选编》中册，中央文献出版社 2016 年版。

《十八大以来重要文献选编》下册，中央文献出版社 2018 年版。

《十九大以来重要文献选编》上册，中央文献出版社 2019 年版。

《习近平谈治国理政》第一卷，外文出版社 2018 年版。

《习近平谈治国理政》第二卷，外文出版社 2017 年版。

《习近平谈治国理政》第三卷，外文出版社 2020 年版。

《习近平谈治国理政》第四卷，外文出版社 2022 年版。

习近平：《在纪念毛泽东同志诞辰 120 周年座谈会上的讲话》，人民出版社 2013 年版。

《习近平关于社会主义生态文明建设论述摘编》，中央文献出版社 2017 年版。

《习近平关于全面建成小康社会论述摘编》，中央文献出版社 2016 年版。

习近平：《论把握新发展阶段、贯彻新发展理念、构建新发展格局》，中央文献出版社 2021 年版。

《习近平关于全面从严治党论述摘编》，中央文献出版社 2021 年版。

《习近平关于总体国家安全观论述摘编》，中央文献出版社 2018 年版。

《习近平新时代中国特色社会主义思想基本问题》，人民出版社、中共中央党校出版社 2020 年版。

《上海通志》，上海人民出版社、上海社会科学院出版社 2005 年版。

沈湘平、常书红：《城市与美好生活》，中国社会科学出版社 2019 年版。

《马克思主义与社会科学方法论》，高等教育出版社 2018 年版。

［美］艾拉·卡茨纳尔逊：《马克思主义与城市》，王爱松译，江苏教育出版社 2017 年版。

二、文章

习近平:《在庆祝中国共产党成立 100 周年大会上的讲话》,《求是》2021 年第 14 期。

习近平:《扎实推进共同富裕》,《求是》2021 年第 20 期。

《国务院批转全国城市规划工作会议纪要》,《中华人民共和国国务院公报》1980 年第 20 期。

韩振峰:《五大发展理念是中国共产党发展理论的重大升华》,《思想理论教育导刊》2016 年第 1 期。

刘士林:《人民城市:理论渊源和当代发展》,《南京社会科学》2020 年第 8 期。

胡进考:《五大发展理念的思想源流与内在逻辑体系探究》,《理论研究》2017 年第 5 期。

陆夏:《"新发展理念"的马克思政治经济学解读》,《厦门大学学报(社会科学版)》2018 年第 5 期。

常修泽:《当代"人"的发展问题论纲》,《改革与战略》2008 年第 8 期。

詹一虹、肖萍:《科学发展观与人的全面发展》,《社会科学战线》2007 年第 1 期。

任声策:《新发展格局下上海加快发展创新型经济的思考》,《上海质量》2021 年第 6 期。

孙抱弘:《现代国际化大都市与学习化社会的构建》,《毛泽东与邓小平理论研究》2001 年第 6 期。

张建光：《中国智慧城市与智慧政府研究现状与展望——基于 CNKI 的文献计量分析》，《中国信息界》2014 年第 80 期。

郑时龄：《上海的建筑文化遗产保护及其反思》，《建筑遗产》2016 年第 1 期。

宋道雷：《人民城市理念及其治理策略》，《南京社会科学》2021 年第 6 期。

刘士林、刘新静、孔锋：《创新发展理念引领城市新区建设》，《光明日报》2016 年 1 月 13 日。

谢坚钢、李琪：《以人民为中心推进城市建设》，《人民日报》2020 年 6 月 16 日。

国家发改委政策研究室：《牢牢把握新发展理念的"根"和"魂"》，《人民日报》2021 年 2 月 4 日。

后　记

　　本书是上海市哲学社会科学规划专项课题"人民城市建设与贯彻新发展理念研究"（课题批准号：2021XBM014）的研究成果。本书由课题负责人赵勇确立研究思路、设计写作框架并拟定写作提纲。课题组成员张飞（同济大学）、高童（上海对外经贸大学）、吴艳（上海对外经贸大学）、王梦含（上海对外经贸大学）、沈晨琪（上海对外经贸大学）、王彀（中共杨浦区委党校）等参与讨论研究、并提供部分初稿。张飞协助进行统稿，全书由赵勇最后统稿、定稿。

　　人民城市建设与贯彻新发展理念问题是理论性和实践性很强的重要课题。本书只是我们初步研究的成果，敬请各位专家、学者批评指正。课题尚有一些有待进一步深入研究的问题，如：对人民城市建设的思想史考察需要进一步加强；对新发展理念引领人民城市建设的实践范例研究需要进一步加强。课题组已收集到较为丰富的关于人民城市建设的研究资料，课题组将对这些资料进行进一步的挖掘梳理，以形成后续的研究成果。在本课题的研究过程中，我们学习借鉴了许多专家、学者的论著，部分成果已列在书后，在此表示我们的感激之意。

　　本课题研究得到了上海市社科规划办和上海市习近平新时代中国特色社会主义思想研究中心的大力支持和帮助，人民出版社的编辑为本书的出版提供了诸多建设性建议。在此一并表示衷心感谢！

作者

2022 年 12 月

责任编辑：毕于慧
封面设计：王欢欢
版式设计：汪　莹

图书在版编目(CIP)数据

新发展理念引领人民城市建设研究/赵勇等 著. —北京:人民出版社,
　2022.12
("人民城市"重要理念研究丛书)
ISBN 978－7－01－025162－2

Ⅰ.①新…　Ⅱ.①赵…　Ⅲ.①城市建设-研究-中国　Ⅳ.①F299.21

中国版本图书馆 CIP 数据核字(2022)第 193140 号

新发展理念引领人民城市建设研究
XINFAZHAN LINIAN YINLING RENMIN CHENGSHI JIANSHE YANJIU

赵勇 等 著

人民出版社 出版发行
(100706　北京市东城区隆福寺街 99 号)

北京九州迅驰传媒文化有限公司印刷　新华书店经销

2022 年 12 月第 1 版　2022 年 12 月北京第 1 次印刷
开本:710 毫米×1000 毫米 1/16　印张:12.75
字数:147 千字

ISBN 978－7－01－025162－2　定价:52.00 元

邮购地址 100706　北京市东城区隆福寺街 99 号
人民东方图书销售中心　电话 (010)65250042　65289539